Sueños

Sueños

Descubre el significado
de tus viajes nocturnos

— ✳ —

Pamela Ball

EDICIONES
LU
Librería Universitaria
BARCELONA

Todas las imágenes son cortesía de: Shutterstock.

Esta edición fue publicada en 2023 por Arcturus Publishing Limiteds
26/27 Bickels Yard, 151-153 Bermondsey Street, Londres SE1 3HA

EDICIONES

Librería Universitaria
BARCELONA

© 2024 Ediciones Librería Universitaria de Barcelona, S. L.
Joan XXIII, n° 27 - 08950 Esplugues de Llobregat
Tel. 93 289 01 46 - Fax: 93 371 94 38
info@edicioneslu.com
www.edicioneslu.com

(f) (o) edicioneslu

ISBN 978-84-19282-97-2

Sumario

INTRODUCCIÓN

*E*l *Penguin Dictionary of Psychology* define un sueño de la siguiente manera: «Un conjunto de experiencias alucinatorias con cierto grado de coherencia, pero a menudo confusas y extrañas, que tienen lugar durante el sueño y en condiciones similares.

DORMIR Y SOÑAR

Se dice que los sueños son la forma que tiene la mente de dar sentido a los distintos tipos de información que recibe. Está demostrado que el ser humano necesita dormir para funcionar bien y que la función de los sueños parece ser equilibrar la actividad psicológica y fisiológica en nuestro interior.

En el estado de vigilia estamos continuamente introduciendo información en nuestro cerebro, que no se archiva de forma eficaz. Por ello, muchos creen que los sueños desempeñan dos funciones. Una es clasificar y archivar la información. Y la segunda es la presentación –dentro de los sueños– de toda la información necesaria en un momento dado para que los soñadores interactúen más plenamente con el mundo en el que viven.

Cuando se eliminan las limitaciones que la mente consciente impone a los procesos de pensamiento, la mente es libre de vagar por donde le plazca, en realidades oníricas. Libre de inhibiciones, crea escenarios que a menudo desafían la explicación del lado lógico de la personalidad. Al buscar explicaciones a estos sueños, tenemos que volvernos más instintivos y creativos en nuestra búsqueda de conocimiento, lo que nos abre formas de abordar las cosas que a menudo nos habrían parecido imposibles a nivel consciente.

Durante este proceso, no solo accedemos a nuestro propio almacén de recuerdos, percepciones, creencias e imágenes, sino también a un nivel de información aún más sutil que está al alcance de todos. Se trata del nivel que Jung denominó «inconsciente colectivo», un conjunto de normas de conducta, creencias, ideales y símbolos heredados que afloran una y otra vez en todos nosotros.

BREVE HISTORIA DE LOS SUEÑOS

La interpretación de los sueños tiene una larga y accidentada historia. Los pueblos antiguos tenían gran fe en los sueños proféticos, a los que llamaban visiones. Creían que eran enviados por los dioses como advertencia y guía. A la luz de la creencia moderna de que muchos sueños proceden del Yo Superior, o de nuestro lado más espiritual, casi hemos cerrado el círculo.

En el siglo IV d.C., los sueños se consideraban lo bastante importantes como para que un vidente llamado Artemidoro dejara constancia de ellos en «Los cinco libros de la interpretación de los sueños». Hasta el siglo XIX, cuando Freud empezó a estudiar los sueños, muchas de las interpretaciones de Artemidoro se consideraban correctas. De hecho, muchos libros sobre la interpretación de los sueños aún conservan vestigios de sus interpretaciones.

Los primeros psicoanalistas, en particular Freud, creían que los sueños podían explicarse en función de nuestra actitud hacia nuestro propio sexo y sexualidad. A medida que la investigación puso más información a disposición de los terapeutas y trabajadores del sueño, se hizo evidente que ésta no era la única base para la explicación.

Terapeutas como Freud creían que solo era posible descifrar los sueños con ayuda profesional. Sin embargo, ahora sabemos que esto no es cierto, a menos que el soñador esté recibiendo medicación para la depresión o alguna dificultad similar.

Cuando los discípulos de Freud se dieron cuenta de que no era prudente dar todo el poder a los analistas, sobre todo porque las interpretaciones

Sigmund Freud creía que nuestros sueños tenían pistas sobre nuestras actitudes hacia el sexo y la sexualidad –pistas que podrían ayudar a un analista a desentrañar nuestros deseos subconscientes más profundos.

podían verse influidas por las percepciones inconscientes de los propios analistas, surgió un movimiento para ampliar la interpretación de los sueños. Jung, que había sido alumno de Freud, sugirió que una forma de interpretarlos era reconocer los elementos y personajes de los sueños como parte de la propia personalidad del soñador. Este tipo de enfoque subjetivo era muy liberador, ya que devolvía el poder interpretativo a los soñadores que, al fin y al cabo, son los únicos que tienen acceso a los recovecos internos de su propia mente.

De ahí surgió el famoso trabajo de Jung sobre los arquetipos, aunque no lo tratamos en detalle en este libro, ya que está muy bien tratado en otros lugares. Jung reconoció la validez del impulso sexual que surge de la dualidad de lo masculino y lo femenino. Al hacerlo, aceptó que había ciertas partes internas no reconocidas de nosotros mismos –como nuestra Sombra (el lado olvidado de cada individuo), el Ánima (el interior femenino dentro de los hombres) y el Ánimus (el interior masculino dentro de las mujeres)– que los sueños a veces podían revelarnos, además de las interpretaciones oníricas más obvias.

Más tarde, Calvin Hall, que consideraba los sueños como una especie de documento personal que daba pistas simbólicas sobre la psique del individuo, y Fritz Perls, que desarrolló la teoría de la Gestalt, consideraron los sueños como el camino hacia la plenitud, que nos permitía recuperar partes de nuestra personalidad que se habían perdido.

OBJETIVO DE ESTE LIBRO

Este libro intenta unir todas las hebras de la interpretación de los sueños para que puedas desarrollar tu máximo potencial como soñador. Se ha diseñado para que inicies tu propio viaje de exploración onírica y te conviertas en tu propio terapeuta de sueños.

Con la ayuda de la información sobre los símbolos oníricos que encontrarás en las páginas siguientes, podrás decidir qué significan tus sueños y qué vas a hacer con ellos. Y, sobre todo, podrás decidir hasta qué punto permitirás que tus sueños afecten a tu vida cotidiana y viceversa.

A partir de la página 12, encontrarás un diccionario de símbolos, ordenados alfabéticamente para facilitar su uso. Verás que algunas entradas, como Animal y Casa, tienen varias subcategorías para ayudarte a profundizar en tus interpretaciones.

Llevar un Diario de Sueños

Para sacar el máximo partido del libro, lo mejor es que registres tus sueños –preferiblemente en un diario de sueños– tan pronto como puedas después de que ocurran.

Para ello, graba tu voz o escribe todo lo que recuerdes en cuanto te despiertes: el escenario del sueño, las imágenes que lo componen, quién estaba presente, qué se dijo o hizo, qué sentiste tú como soñador, qué emociones estaban presentes y cómo encajaba todo.

Puede que te resulte útil ordenar cada símbolo clave que recuerdes en orden alfabético, para facilitar el uso de las entradas del libro.

A continuación, busca cada símbolo en las páginas siguientes y decide qué interpretaciones te suenan más. De este modo, podrás comprender mejor el contenido emocional y el motivo de cada sueño que tengas.

Obtener más información

En ocasiones, tendrás intuiciones y aclaraciones inmediatas que te bastarán para interpretar tus sueños con éxito. Sin embargo, a menudo puede haber muchas interpretaciones del mismo sueño que son igualmente válidas.

Una de las formas más eficaces de obtener más información si un sueño es difícil de interpretar es trabajar con un amigo que te apoye. A menudo, al hablar del sueño con otra persona, recordarás aspectos adicionales o verás las cosas bajo una luz diferente, lo que permite mejorar la interpretación. Además, puede resultar obvia alguna interacción entre los personajes del sueño, lo que puede ofrecer nuevas perspectivas. Sin embargo, es fundamental que los amigos que te apoyan sólo hagan preguntas que aclaren tu sueño, en lugar de hacer preguntas capciosas.

Un enfoque útil puede ser explorar el sueño primero desde el punto de vista personal del soñador (por ejemplo, «Yo era...», «Nosotros éramos...», «Yo parecía...») y sólo entonces trabajar más objetivamente con las imágenes (por ejemplo, «La habitación estaba en una casa grande», «El árbol era muy raro»...), permitiendo que la perspectiva del soñador cambie a la de un observador.

Entonces puede ser útil que el soñador elija uno de los personajes o imágenes del sueño, para «convertirse» en ese personaje u objeto y experimentar el sueño desde ese punto de vista. Dado que todas las partes de nuestros sueños son aspectos de nosotros mismos (incluso objetos como coches y árboles), al experimentar el escenario desde una perspectiva diferente, obtenemos una visión adicional de nosotros mismos. Este proceso se puede continuar con cada imagen del sueño hasta que sientas que lo comprendes mejor. Con la práctica, adquirirás más destreza en la interpretación de tus propios símbolos.

HOJA DE RUTA PARA LA EXPLORACIÓN DE TUS SUEÑOS

Trabajar regularmente con tus sueños de las formas que acabamos de describir –ya sean sueños positivos, sueños de ansiedad, sueños mágicos, pesadillas o de cualquier otro tipo– te permitirá aprender gradualmente más sobre ti mismo y sobre tu mundo onírico privado.

La premisa es que cuanto mejor te entiendas a ti mismo y al mundo en el que vives, más feliz, más pleno y enriquecedor será tu futuro, tanto para ti como para los que te rodean. Así que esperamos que disfrutes de las exploraciones que esta hoja de ruta de los sueños te permite desplegar...

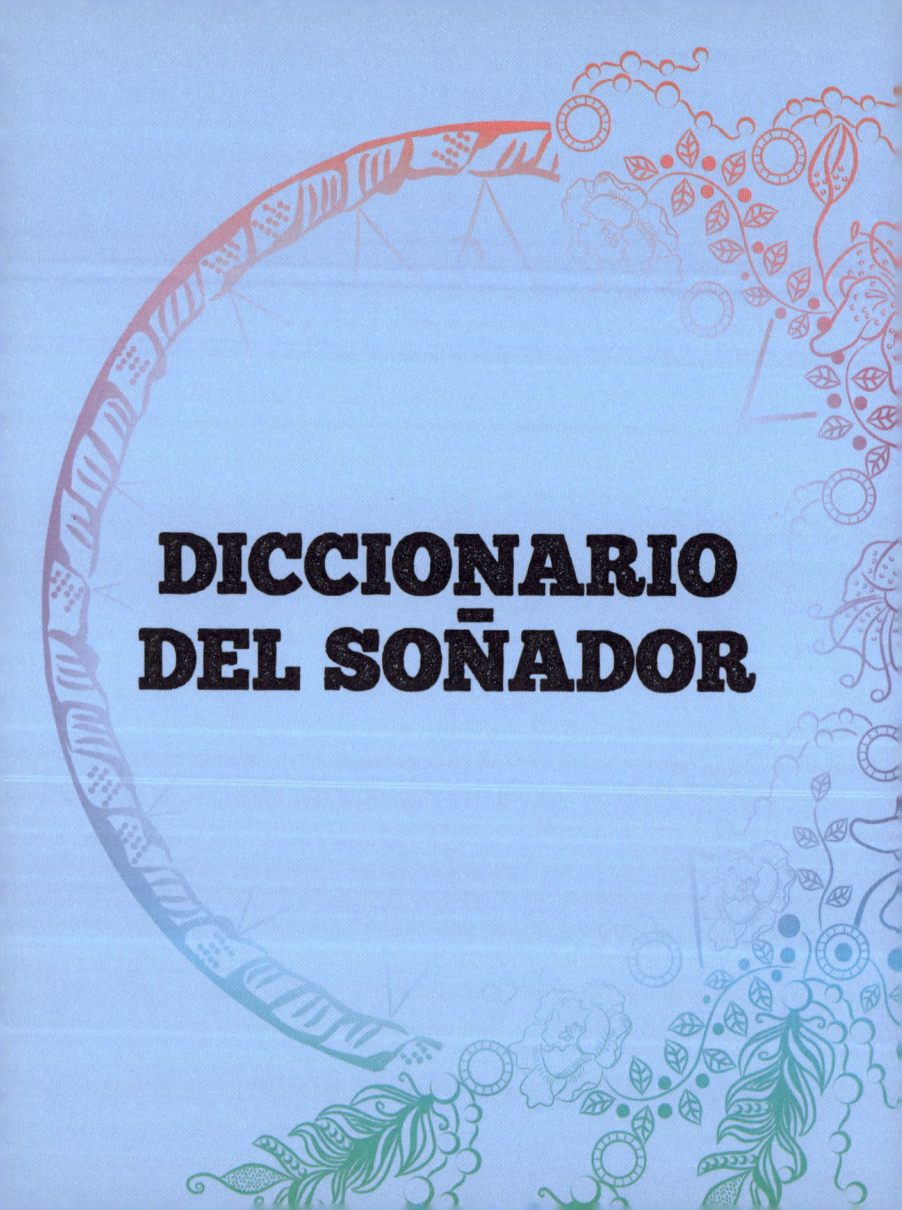

DICCIONARIO DEL SOÑADOR

A-Z DE LOS SÍMBOLOS ONÍRICOS

A: De Abandonado a Azotar

ABANDONADO Similar a la sensación de ser rechazado, esto representa una sensación de cómo experimentamos no ser queridos cuando éramos jóvenes. Puede que en realidad no fuera así, pero nuestros sentimientos nos dan esa percepción. Por ejemplo, un niño que ha tenido que ingresar en un hospital puede tener sueños recurrentes en la edad adulta en los que se siente abandonado, y puede tener problemas para hacer planes de éxito en el futuro.

ABANICO Soñar con un abanico conecta con el lado femenino de la propia naturaleza y con las fuerzas intuitivas. Especialmente **en el sueño de una mujer**, un abanico puede representar sensualidad y sexualidad.

ABEJA Como símbolo de algo que hay que temer, así como domesticar y utilizar, el significado de las abejas en sueños puede ser ambivalente. **Ser picado por una abeja** es una advertencia de la posibilidad de sufrir daños. **Ser atacado por un enjambre** indica que estamos creando una situación que puede volverse incontrolable.

ABISMO Cuando soñamos con un abismo o un gran agujero, normalmente se nos está haciendo consciente de situaciones que contienen algún elemento de lo desconocido, o son de alguna manera arriesgadas. Indica que el soñador reconoce en sí mismo el llamado pozo sin fondo o vacío. Se trata de un aspecto de lo desconocido al que todos debemos enfrentarnos en algún momento de nuestra vida. Es una acción que debe emprenderse con fe y valentía. Vamos a tener que tomar decisiones de un modo u otro.

ABSORBER Estar **absortos en lo que estamos haciendo** en sueños indica nuestra capacidad de estar totalmente concentrados en nuestra acción. Somos capaces de **absorber ideas o creencias**, que pasan a formar parte de nosotros y de nuestra manera de funcionar. Absorber algo en nosotros es consumirlo, en el sentido de hacerlo nuestro. Gran parte del proceso de comprensión tiene lugar a través de la absorción de información.

ACANTILADO Estar **al borde de un acantilado** en un sueño indica que el soñador se enfrenta a un peligro. Muestra la necesidad de tomar una decisión sobre cómo afrontar una situación y, posiblemente, estar dispuesto a correr un riesgo. A menudo nos enfrentamos a lo desconocido.

ACCIDENTE Los sueños en los que se es herido, asesinado o se muere ocurren con relativa frecuencia, y es necesario prestar atención a las circunstancias específicas del sueño. Por lo general, estamos recibiendo una advertencia para que tengamos cuidado o seamos conscientes de agresiones ocultas, propias o ajenas.

ACCIÓN La acción dentro de un sueño a menudo informa al soñador de agendas y motivaciones ocultas, ya que cada uno de nosotros es el productor de su propia vida. Lo que nosotros –u otros– están haciendo en un sueño a menudo necesita ser interpretado, tanto como los artículos en el sueño.

ACEITE Dependerá del tipo de aceite que se utilice en el sueño. El **aceite de cocina** suele significar la eliminación de fricciones o una forma de combinar distintos componentes. El **aceite de masaje** sugiere cuidados y mimos, mientras que el **aceite de motor** pondrá de relieve nuestra capacidad para mantener las cosas en movimiento.

ÁCIDO Hay una influencia corrosiva en la vida del soñador que suele ser mala, pero que puede ser purificadora. Puede haber la sensación de que el soñador está siendo carcomido por alguna acción o concepto. La necesidad es tomar conciencia de algo que debe utilizarse con precaución, dependiendo de cómo y sobre quién se está utilizando.

ACTOR Soñar con un actor, sobre todo con uno famoso, es tomar conciencia del ego que hay en uno mismo. Muy a menudo tomamos conciencia de los papeles que desempeñamos en la vida y reconocemos que tal vez no estamos representando el papel que realmente queremos.

ADICCIÓN Soñar que **somos adictos** indica que tenemos que admitir que existe la necesidad y el deseo de reconocer un comportamiento obsesivo en nosotros mismos o en los demás. Hay ansiedad de que alguien o algo se apodere de nosotros. **Ser adicto a alguien** significa haber abdicado de nuestra responsabilidad. Ser **adicto a una sustancia** como el tabaco o el alcohol en un sueño sugiere una incapacidad para relacionarse adecuadamente con el mundo en el que vivimos.

ADORACIÓN - *ver también Imágenes religiosas* Soñar que nos encontramos en una situación en la que **estamos adorando algo**, como una idea, una persona, un concepto o un objeto, es abrirnos a su influencia. Si no somos especialmente religiosos, pero nos encontramos en medio de un **acto de adoración**, puede que necesitemos analizar cómo nos enfrentamos a un sistema de creencias o a un conjunto de principios comunes.

ADVERTENCIA Recibir una advertencia en un sueño sugiere que somos conscientes de que, interna o externamente, algo requiere atención. Puede que nos estemos poniendo en peligro.

AEROPUERTO Al soñar con un aeropuerto estamos entrando en una etapa de transición, tomando decisiones para movernos hacia nuevos ámbitos de la vida. También puede indicar que estamos, o deberíamos estar, haciendo una nueva evaluación de nuestra propia identidad.

AFEITAR Afeitarse en sueños sugiere eliminar una capa no deseada, una fachada que se ha creado.

AFFAIR Soñar con una aventura nos permite aceptar nuestras propias necesidades sexuales y deseos de excitación y estimulación. Es posible que sintamos la necesidad de hacer algo travieso o algo que nos obligue a asumir riesgos emocionales.

AGUA El agua suele simbolizar en sueños todo lo emocional y femenino. Es una sustancia misteriosa, ya que tiene la capacidad de fluir a través, sobre y alrededor de los objetos. Tiene la cualidad de desgastar todo lo que se interpone en su camino. El agua también puede representar el potencial del soñador y su capacidad para crear una nueva vida en respuesta a sus propios impulsos internos.

ÁGUILA - *ver también Pájaros* La aparición de un águila en sueños significa inspiración y fuerza. También puede indicar nuestra necesidad de ascender, para liberarnos de viejas ideas o actitudes. Como ave rapaz, el águila es capaz de aprovechar todas las oportunidades que se le presentan. Soñar con una muestra que podemos hacer lo mismo.

AGUJA En sueños, las agujas sugieren irritaciones, pero también pueden significar el poder de curar a través de la penetración. Hay que introducir un concepto o un conocimiento desde fuera, que puede doler, pero que al final nos hará mejores desde dentro.

AGUJERO Un agujero suele representar una situación difícil o complicada. También puede ser un lugar donde podemos escondernos o sentirnos protegidos.

Soñar que **caemos en un agujero** indica que quizá estemos entrando en contacto con nuestros sentimientos, impulsos y miedos inconscientes. **Caminar alrededor de un agujero** sugiere que debemos sortear una situación complicada. También es posible que necesitemos tomar conciencia de otras partes de nosotros mismos que están enterradas bajo nuestra conciencia superficial.

AHOGARSE - *ver también Nadar* Cuando nos ahogamos en un sueño suele indicar que tenemos miedo de permitir que nuestras emociones se expresen libremente y/o que corremos el peligro de vernos desbordados por emociones que no podemos manejar. Ahogarse también puede indicar una incapacidad percibida para manejar una situación estresante que nos rodea en el momento del sueño. Hay un conflicto entre nuestro interior y nuestro exterior, tal vez una indecisión sobre si debemos hablar o callar.

AHORCAR - *ver también Lazo y Cuerda* Si en un sueño **asistimos a un ahorcamiento**, estamos siendo partícipes de violencia y quizá debamos reconsiderar nuestras acciones. Si nosotros mismos **somos ahorcados** en un sueño, se nos advierte de alguna dificultad futura.

AHORROS En sueños a menudo desarrollamos imágenes con doble significado. Nuestros ahorros pueden representar recursos, ya sean materiales o emocionales, que hemos escondido hasta el momento en que los necesitamos. También pueden representar nuestra sensación de seguridad e independencia. Soñar con **ahorros que no sabíamos que teníamos** sugiere que somos capaces de reunir energía o tiempo extra, tal vez utilizando material o información del pasado. Soñar que **ahorramos en el presente** sugiere que debemos reflexionar sobre cómo tener éxito en el futuro. **Si somos conscientes de nuestro objetivo de ahorrar**, quizá deberíamos hacer planes a largo plazo.

AJEDREZ - *ver también Juegos* El juego del ajedrez significaba originalmente la "guerra" entre el bien y el mal. Por eso, en sueños puede seguir expresando el conflicto interior. También puede indicar la necesidad de estrategia en nuestras vidas.

AJO El ajo suele ser símbolo de fertilidad (por su forma) o de protección (por su fuerte olor).

ALAMBRE DE PÚAS Estar rodeado de **alambre de púas** en un sueño indica que nuestros comentarios hirientes o los de otros nos impiden avanzar.

ALAS Como las alas nos hacen pensar en el vuelo, soñar, por ejemplo, con **alas de pájaro** sugeriría que estamos prestando atención a nuestra necesidad de libertad. Un **ala rota** indica que un trauma anterior nos impide "despegar".

ALCOHOL Cuando el alcohol aparece en un sueño podemos estar necesitados de una experiencia o influencia placentera. Disponemos de medios para cambiar la percepción. Podemos permitirnos dejarnos llevar por la corriente de lo que nos sucede.

ALDEA La aparición de una aldea en sueños sugiere la existencia de una comunidad muy unida. Puede ilustrar nuestra capacidad para establecer relaciones de apoyo y un espíritu comunitario.

ALFILER Depende de si el alfiler sujeta algo o si se utiliza para atravesarnos a nosotros o a un objeto en nuestros sueños. **Si sujeta algo**, indica las conexiones o vínculos emocionales que utilizamos. **Si atraviesa un objeto**, sugiere un trauma, aunque puede ser muy pequeño.

ALIEN Si soñamos con un alienígena, quizá haya algo desconocido y aterrador a lo que debamos enfrentarnos. Nunca nos hemos encontrado con la extrañeza del ser que aparece en nuestro sueño, y debemos hacer frente a lo que ocurra.

ALIMENTACIÓN / NUTRICIÓN - *ver también Comida* En sueños, todos los símbolos de alimentación están asociados a necesidades básicas. En primer lugar, necesitamos calor y comodidad; en segundo lugar, cobijo y sustento. Inicialmente, lo experimentamos como algo que proviene de la madre. Cualquier sueño en el que seamos conscientes de nuestras necesidades está relacionado con nuestra relación con la madre. Si no satisfacemos nuestra necesidad de alimento y crianza, experimentamos rechazo y dolor. En sueños, ambas cosas son intercambiables.

ALMACÉN Al ser principalmente un lugar de almacenamiento, un almacén en un sueño tiene el simbolismo de ser un depósito de energía espiritual o de basura espiritual.

ALMOHADA En la vida cotidiana, una almohada o cojín puede ofrecer apoyo o comodidad. Así, en un sueño, ser consciente de una almohada puede sugerir tal necesidad. A veces, **el material de la almohada es importante** y puede influir en la interpretación del sueño. Por ejemplo, **una almohada de plumas** sugeriría un apoyo suave, mientras que **una almohada de piedra** representaría cierto grado de rigidez.

ALQUILER **Pagar el alquiler** en sueños es asumir una responsabilidad personal. Estamos dispuestos a cuidar de nosotros mismos y a responsabilizarnos de lo que somos. **Recibir un alquiler** sugiere que hemos entrado en una transacción que nos beneficiará.

ALQUITRÁN Soñar con alquitrán **en la carretera** podría sugerir la posibilidad de quedar atrapado a medida que avanzamos. Soñar con alquitrán **en una playa**, sin embargo, podría sugerir que hemos permitido que nuestras emociones se contaminen de algún modo.

ALTAR Un altar en un sueño representa el medio o la necesidad de entregarse a algo que es más importante que la situación inmediata. Por lo general, un altar representa algún tipo de creencia religiosa. Es la mesa de la comunión –la unión–, pero también suele sugerir la división entre lo físico y lo espiritual.

ALUCINACIONES Los sueños tienen algo de alucinatorio. Las escenas pueden cambiar o fundirse en un abrir y cerrar de ojos, los objetos pueden adoptar la forma de personas y es probable que veamos y hagamos cosas que en la vida real nos parecerían completamente surrealistas. Sin embargo, todo ello es totalmente aceptable dentro de la realidad onírica. Sólo cuando consideramos el sueño en la vigilia nos damos cuenta de lo extraño que puede resultar todo. Liberados de la cualidad lógica que tutela nuestra vida cotidiana, podemos liberarnos para crear una nueva conciencia de nuestras propias capacidades.

AMANECER Soñar con un amanecer o un nuevo día representa un nuevo comienzo o una nueva toma de conciencia en las circunstancias que nos rodean. Buscamos formas diferentes de afrontar viejas situaciones.

AMIGOS Los amigos que aparecen en nuestros sueños pueden significar dos cosas. En primer lugar, debemos analizar nuestra relación con esa persona en particular y, en segundo lugar, debemos decidir qué representa ese amigo para nosotros (por ejemplo, seguridad, apoyo y amor).

AMNESIA Sufrir amnesia en un sueño indica nuestros intentos de borrar lo que no nos gusta. También indica miedo al cambio. Perder la memoria en la vida real puede ser traumático, pero en sueños puede ser aún más problemático, ya que no sabemos cuánto debemos recordar realmente. No sabemos cuánto es viable y cuánto se presenta sólo a efectos de ese sueño.

AMPUTACIÓN Cuando soñamos con **la amputación de uno de nuestros miembros**, puede significar que tememos o corremos el riesgo de perder una parte de nosotros mismos que valoramos. Soñar que **amputamos el miembro de otra persona** indica nuestra capacidad para negar a los demás su derecho a expresarse.

ANALISTA Sea cual sea el tipo de analista con el que soñemos, es un recordatorio de que llevamos dentro un monitor que nos alerta de la necesidad de analizar nuestras acciones y reacciones. Debemos ser conscientes de nosotros mismos y analizar nuestra vida, dividiéndola en partes manejables.

ANCLA Cuando aparece un ancla en un sueño, generalmente puede interpretarse como la necesidad de permanecer estable en situaciones emocionales. Necesitamos aferrarnos a una idea que nos dé un punto de referencia en situaciones difíciles.

ANDAMIOS Los andamios en un sueño suelen indicar que existe algún tipo de estructura temporal en nuestras vidas. El **andamio de un ahorcado** sugerirá que una parte de nuestra vida debe llegar a su fin. Podemos, por ejemplo, ser conscientes de que hemos ofendido algunas de las leyes y creencias de la sociedad, y debemos ser castigados. También es posible que debamos analizar nuestra propensión a ser víctimas. **Si aparecen andamios en sueños**, debemos decidir si están ahí para **ayudarnos a construir algo nuevo o si debemos reparar lo viejo**. En cualquier caso, necesitamos una estructura provisional que nos ayude a alcanzar la altura que deseamos. Si estamos construyendo algo nuevo, esa estructura nos sostendrá mientras construimos, mientras que si estamos reparando lo viejo, sostendrá la estructura anterior mientras hacemos los cambios necesarios.

ANESTESIA Estar anestesiado en un sueño indica que intentamos evitar emociones dolorosas y que nos sentimos dominados por circunstancias externas. Incluso puede indicar que nos vemos obligados a evitar algo.

ÁNGEL Soñar con ángeles indica que estamos buscando una figura paterna que nos dé amor y apoyo incondicionales, o que necesitamos desarrollar nosotros mismos estas cualidades. Puede que estemos intentando introducir conceptos religiosos en nuestra vida.

ANHELO Los sentimientos en sueños suelen ser de gran intensidad. Una sensación de anhelo en un sueño pondría de manifiesto una emoción que debemos analizar más detenidamente para comprenderla.

ANILLO Un anillo en sueños suele significar algún tipo de relación. Un **anillo de boda** sugiere una unión y una promesa. Un **anillo perteneciente a la familia** representaría antiguas tradiciones y valores. Un **anillo de compromiso** sugiere una promesa de devoción más tentativa. Un **anillo de la eternidad** sería una promesa a largo plazo. Un **anillo de sello** indicaría que se ha puesto el sello a algo.

ANIMALES Cuando los animales aparecen en un sueño suelen representar un aspecto de la personalidad que no puede comprenderse adecuadamente salvo a nivel instintivo.

ANTORCHA En sueños, una antorcha puede representar la confianza en uno mismo. También puede sugerir la necesidad de poder avanzar, pero al mismo tiempo llevar nuestra propia luz.

AÑO NUEVO Soñar con el Año Nuevo es reconocer la necesidad de un nuevo comienzo. También puede significar la medida del tiempo de forma aceptable, o un momento en el que algo puede suceder.

APETITO Cuando el apetito es especialmente notable en un sueño, suele representar un deseo insatisfecho. Puede tratarse de un deseo físico, emocional o espiritual.

APUÑALAR - *ver también Cuchillo* **Ser apuñalado** en un sueño indica nuestra capacidad para ser heridos. **Apuñalar a alguien** significa, por el contrario, estar preparado para herir. Dado que una puñalada es penetrante, está obviamente relacionada con la sexualidad masculina agresiva, pero también con la facultad de ir directamente al grano.

ARAÑA Existe una gran ambivalencia en la imagen de la araña. En un nivel muy mundano no gusta, quizá por su movimiento escurridizo, pero también por su asociación con la suciedad. En sueños también puede sugerir maldad.

ARAR A medida que más personas dejan de trabajar la tierra, este símbolo se vuelve menos relevante en los sueños. Sin embargo, significa trabajar en la limpieza de uno mismo para un nuevo crecimiento y ser capaz de prepararse para el cambio.

ÁRBOL - *ver también Bosque y Madera* El árbol simboliza en sueños la estructura básica de nuestra vida interior. Cuando un árbol aparece en nuestros sueños, lo mejor es trabajar con la imagen de forma bastante amplia. Un árbol con **ramas anchas** sugeriría una personalidad cálida y cariñosa, mientras que un árbol **pequeño y de hojas cerradas** sugeriría una personalidad tensa. Un árbol **bien formado** sugeriría una personalidad ordenada, mientras que un árbol **grande y desordenado** sugeriría una personalidad caótica. Hay un juego que se puede jugar en la vida de vigilia si uno se atreve. Pregunta a un amigo: a) qué tipo de árbol cree que eres y b) qué tipo de árbol cree que es él. Los resultados son interesantes. Un roble, por ejemplo, representaría la fuerza.

ARCHIVOS/ARCHIVADORES Soñar con archivos o archivadores significa poner orden en nuestras vidas, dar sentido a lo que hacemos y cómo lo hacemos. **Estar archivando cosas** puede indicar que ya no necesitamos ser conscientes de una situación concreta, pero que aún necesitamos conservar los conocimientos que nos ha proporcionado una experiencia.

ARCO IRIS La aparición de un arco iris en sueños es la promesa de algo mejor. La vieja historia de la olla de oro al final del arco iris está tan arraigada en el folclore que este significado aparece a menudo en los sueños.

ARCO Soñar con una forma de arco suele ser señal de que necesitamos concentrarnos en una parte concreta de nuestra vida. Cuando soñamos con arcos o puertas, a menudo nos estamos adentrando en un entorno o modo de vida diferentes. Tenemos que pasar por alguna forma de iniciación o ritual de aceptación para tener éxito.

ARENA La arena en un sueño sugiere inestabilidad y falta de seguridad. Cuando **la arena y el mar** se ven juntos estamos demostrando una falta de seguridad emocional. Cuando **las arenas son movedizas** probablemente somos incapaces de decidir lo que necesitamos en la vida. Si somos conscientes de la arena en un **reloj de arena** somos conscientes de que el tiempo se acaba.

ARENA Soñar con estar en una arena, ya sea como jugador o como espectador, pone de relieve el hecho de que tal vez necesitemos tomar la decisión de trasladarnos a un entorno creado específicamente, que nos dé más espacio para la autoexpresión y la creatividad o la teatralidad.

ARENAS MOVEDIZAS Las arenas movedizas significan falta de seguridad. En la interpretación antigua de los sueños representaba dificultades en los negocios.

ARMA Soñar con armas suele sugerir agresividad interiorizada y/o el deseo de hacer daño a alguien o a algo de alguna manera. Dependiendo del arma que soñemos, podemos hacernos una idea bastante aproximada de cuál es el problema en la vigilia. **Una flecha** indica haber sido atravesado por algún tipo de emoción poderosa, herido por alguien a través de palabras o acciones, y la necesidad de dirigir nuestra atención hacia el interior para sentirnos mejor. **El revólver o la pistola** representan tradicionalmente la sexualidad masculina, y que una mujer sueñe que le disparan suele indicar su deseo de agresión sexual o su miedo a ella. **Si nosotros mismos disparamos la pistola**, puede que estemos utilizando nuestras habilidades masculinas de una forma bastante agresiva, para defendernos. **Un cuchillo** representa la capacidad de cortar a través de los escombros, de "cortar dentro" de lo que nos molesta y de cortar la hipocresía que tal vez esté prevaleciendo en una situación. La espada tiene más de un significado. Por su empuñadura en forma de cruz, a menudo representa un sistema

de creencias que se utiliza con fuerza. Igualmente, puede utilizarse para sugerir fuerza espiritual, creando una capacidad de cortar lo innecesario aún más poderosa que el cuchillo. **La espada**, cuando está envainada, es el alma o el Ser en el cuerpo.

ARMADURA Si soñamos con una armadura, es posible que debamos ser conscientes de la rigidez emocional e intelectual de nosotros mismos o de las personas que nos rodean. Si **llevamos una armadura** podemos estar sobreprotegiéndonos, mientras que **si los demás la llevan** podemos ser demasiado conscientes de sus mecanismos de defensa.

ARNÉS Al igual que el cabestro, el arnés indica alguna forma de control o restricción. Puede que estemos sujetos por nuestras propias limitaciones o controlados por circunstancias externas. **Llevar un arnés** a menudo nos remite a períodos de la infancia en los que no se nos permitía la libertad que hubiéramos deseado.

ARPA El arpa como instrumento musical indica la vibración correcta que necesitamos para crear armonía en nuestras vidas. El arpa es un símbolo nacional de la música, el ritmo y la armonía, por lo que a menudo nos remite a nuestro yo básico.

ARRESTADO Soñar **con ser arrestado** sugiere la restricción de la propia autoexpresión natural por juicios morales o cuestiones de bien o mal de otras personas. Soñar que **se arresta a otra persona** indica nuestra desaprobación instintiva de esa parte de nosotros mismos que está representada por esa persona en el sueño.

ARROZ - *ver también Grano* El arroz como imagen en sueños sugiere alimento, tanto para la mente como para el cuerpo. También sugiere abundancia.

ARTISTA Un artista en sueños nos anima a reconocer al artista que llevamos dentro, el aspecto de nosotros mismos que está en contacto con el lado creativo del inconsciente.

ASCENSIÓN / ASCENDER Si en un sueño sentimos que ascendemos, podemos estar tomando conciencia de ser capaces de ejercer control sobre la pasión o el placer sexual, o puede representar un avance hacia un nuevo plano espiritual que trasciende el estado de ser humano. Es una toma de conciencia de diferentes niveles de concentración, que dan una perspectiva diferente al ser humano.

ASCETA Encontrarse con un asceta o un santón en sueños significa encontrarse con nuestro yo superior y reconocer la parte de nosotros mismos que busca continuamente la unidad con lo divino. Es posible que exista algún conflicto con los impulsos naturales, que busquemos la simplicidad o que evitemos el sexo o el contacto como consecuencia del miedo o de la necesidad de contención.

ASESINATO / ASESINO Puede que estemos negando, o intentando controlar, una parte de nuestra propia naturaleza en la que no confiamos. También podemos tener sentimientos hacia otras personas que sólo pueden expresarse con seguridad en sueños. **Si nosotros mismos estamos siendo asesinados**, una parte de nuestra vida está completamente desequilibrada y estamos siendo destruidos por circunstancias externas.

ASFIXIARSE Cuando sentimos que **nos asfixiamos** en un sueño, puede ser que nuestros propios miedos amenacen con abrumarnos. También puede indicar que no controlamos nuestro entorno. **Asfixiar a alguien** puede significar que le estamos dominando en la vida real.

ASTA - *ver también Cuernos* El ciervo es un animal noble, por lo que la interpretación difiere si la **cornamenta está colocada**, como en un trofeo, **o se ve en el animal**. En este último caso, la interpretación es la de algo sobrenatural y puede representar poderes intelectuales. En el primer caso, la cornamenta puede interpretarse como un intento de alcanzar un estatus elevado.

ASTILLA En sueños, una astilla puede representar una pequeña irritación. Es algo que ha traspasado nuestras defensas y nos incomoda. Las astillas pueden representar palabras o ideas dolorosas. Es posible que nos aferremos a ideas que nos provocan sentimientos negativos.

ATAQUE Ser atacado en sueños indica miedo a verse amenazado por acontecimientos externos o emociones internas. Impulsos o ideas desconocidas obligan al soñador a adoptar una actitud defensiva. Si estamos siendo **atacados por animales** estamos volviendo nuestra propia agresividad y/o sexualidad hacia dentro; tenemos miedo de nuestros propios impulsos naturales.

ATARDECER Cuando somos conscientes de que es de noche en un sueño, debemos reconocer que necesitamos tiempo para nosotros mismos, tal vez para relajarnos y estar tranquilos.

ATAÚD Cuando soñamos con un ataúd, estamos recordando nuestra propia mortalidad. También es posible que nos estemos enfrentando a la muerte de una relación y a sentimientos de pérdida.

ATIZADOR La presencia de un atizador en un sueño está relacionada con la masculinidad, pero también con la rigidez. Por tanto, puede sugerir acciones agresivas, pero también actitudes y comportamientos rígidos.

AUSENCIA Soñar con alguien ausente, o con la ausencia de algo que uno esperaría encontrar, indica que puede suceder lo inesperado. Puede que estemos buscando algo que ya hemos perdido. Nuestros sentimientos ante la ausencia (por ejemplo, miedo o rabia) también pueden ser importantes. Un niño experimenta una fuerte sensación de pérdida cuando su madre se ausenta por primera vez de su entorno percibido, y esto puede causarle una angustia extrema.

AUTOBÚS - *ver también Viaje* Si soñamos que **estamos en un autobús**, estamos aceptando la forma en que nos manejamos en las relaciones de grupo, y las nuevas direcciones que debemos tomar en compañía de los demás.

AVALANCHA Si **presenciamos una avalancha** en sueños, estamos experimentando una fuerza destructiva. Si **nos encontramos en medio de una avalancha**, las circunstancias nos superan.

AVENA La avena en forma de **papilla** es un alimento casi "mágico". Debido a que se han utilizado desde tiempos inmemoriales como alimento básico, representan calidez y comodidad.

AVIÓN Los sueños con aviones pueden representar cambios repentinos o drásticos en la vida. **El despegue de un avión** representa un salto hacia lo desconocido y la asunción de riesgos. **El aterrizaje de un avión** indica el éxito de una nueva empresa o el resultado de un riesgo calculado.

AYUNO Ayunar en sueños puede ser un intento de superar un trauma emocional o de llamar la atención sobre la necesidad de limpieza.

AZOTAR Soñar que **nos azotan** puede indicar que somos conscientes de que alguien nos está llevando más allá de nuestros límites, a menudo de forma inapropiada. **Azotarnos** a nosotros mismos pondría de manifiesto un tipo de masoquismo en nuestra propia personalidad.

B: De Bahía a Búsqueda

BAHÍA Soñar con una bahía, **orilla del mar o ensenada** muestra que somos conscientes de dónde podemos ser más receptivos.

BAILAR La danza siempre ha representado la libertad y ha simbolizado otras acciones necesarias para la supervivencia. Estar bailando en un sueño representa la creación de felicidad, sentirse uno con el entorno y posiblemente acercarse o intimar más con una pareja.

BAILARINA - *ver también Danza* La apariencia de hada de la bailarina en un sueño muestra que estamos estableciendo una conexión con esa parte de nuestro ser. También podemos estar buscando equilibrio y aplomo.

BAJO TIERRA Soñar que estamos bajo tierra a menudo nos permitirá llegar a un acuerdo con las profundidades ocultas de nuestra mente inconsciente.

BALANZA La balanza en sueños sugiere la necesidad de equilibrio y autocontrol. Sin ese equilibrio no podemos tomar una decisión sensata sobre las posibles líneas de actuación. Debemos "sopesar" todas las posibilidades. Las balanzas también sugieren normas –por ejemplo, normas de comportamiento– a las que se espera que nos atengamos. Puede que nos pesen y nos encuentren deficientes. **Si la balanza está desequilibrada** en un sueño, debemos hacer un examen de conciencia y descubrir en qué aspectos no funcionamos correctamente.

BALAS Soñar con balas significa ser consciente de la agresividad y del deseo de hacer daño. Si la bala se **dispara contra el soñador**, puede considerarse una advertencia de peligro. Si, por el contrario, es **el soñador quien dispara** la bala, se es consciente de la propia vulnerabilidad.

BALDE DE FUEGO Como símbolo, el balde de fuego indica que podemos tener una situación a nuestro alrededor que está fuera de control. Sólo mediante una muestra de emoción "amortiguadora" puede haber algún progreso. Puede que alguien se haya pasado de la raya y necesite ayuda.

BALIZA Puede ser una advertencia, la necesidad de comunicación o un principio fuertemente arraigado por el cual uno vive.

BALSA Una balsa es un lugar seguro, a menudo en medio de turbulencias. Aunque no sea demasiado segura, tiene la capacidad de sostenernos. Es el tipo de sueño que se produce cuando nos enfrentamos a dificultades emocionales.

BAMBÚ La flexibilidad del bambú indica una fuerza flexible pero duradera. Al ser una de las plantas más gráciles pero resistentes, también representa estas cualidades en el soñador.

BANCO La aparición de un banco en sueños puede significar que los recursos financieros, mentales o espirituales del soñador necesitan una gestión cuidadosa. La sensación de seguridad, sin la cual no podemos aventurarnos en el mundo, necesita ser gestionada y controlada adecuadamente.

BANDA Si el soñador ve una **banda o una franja de color**, por ejemplo, puede que haya alguna limitación en sus circunstancias que deba ser reconocida. Si, por el contrario, la imagen es la de una **banda de músicos**, esto indicaría la necesidad de trabajar en equipo.

BANDERA Una bandera en sueños tendrá el mismo significado que un estandarte, es decir, un estandarte o un lugar en torno al cual pueden reunirse personas con objetivos y creencias comunes. Puede representar principios y creencias anticuados.

BANQUERO El dinero y los recursos personales suelen ser las cosas con las que la mayoría de la gente tiene dificultades. Nuestra necesidad de una figura de autoridad que nos ayude a afrontar los problemas que surgen suele estar simbolizada por el banquero o director de banco en sueños.

BANQUETE Si soñamos que **servimos** en un banquete, debemos tener cuidado de no negarnos a nosotros mismos las cosas buenas de la vida siendo demasiado dadivosos. Si **asistimos** a un banquete, debemos reconocer nuestra necesidad de ser nutridos.

BAÑO, BAÑAR Cuando soñamos que **estamos en el baño**, puede indicar la necesidad de limpieza de algunos viejos sentimientos o la necesidad de relajarnos y dejarnos llevar. Tenemos la oportunidad de contemplar lo ocurrido en el pasado y adoptar nuevas actitudes.

BAR Estar en un bar en sueños y ser conscientes de nuestro comportamiento indica cómo nos relacionamos con los grupos y cuáles son nuestros sentimientos respecto a la sociedad. Podemos sentir que es apropiado utilizar un espacio público para crear nuevas relaciones, o para reconciliarnos con nuestro propio sentimiento de soledad. Un espacio público en el que podamos desinhibirnos está relacionado con la necesidad pagana de fiesta y celebración.

BARBA Soñar con un hombre con barba significa que debemos protegernos contra el engaño.

BARBERO Cuando soñamos que visitamos a un barbero nos estamos planteando un cambio de actitud, pensamiento u opinión sobre nosotros mismos.

BARCO / NAVE - *ver también Viaje* Soñar con un barco o una nave suele indicar cómo afrontamos nuestras propias emociones y las de los demás. Puede representar cómo navegamos por la vida y si tenemos el control de nuestras vidas.

BARNIZ El barniz es un revestimiento exterior protector destinado a realzar el aspecto de un objeto. Por lo tanto, soñar con barniz puede significar tanto cubrir algo para ocultar imperfecciones como protegernos a nosotros mismos para presentar una mejor imagen.

BARRA - *ver también Bar* Cuando soñamos con una **barra de metal**, como por ejemplo una barra de hierro, debemos fijarnos en lo rígidos o agresivos que estamos siendo en nuestro comportamiento. Debemos manejarnos con firmeza.

BARRER Soñar con barrer sugiere ser capaz de limpiar actitudes y emociones anticuadas. **Estar barriendo** sugiere poner las cosas en orden.

BARRO El barro en un sueño sugiere que nos sentimos estancados, tal vez por no haber ordenado lo práctico y lo emocional (tierra y agua). El barro también puede representar experiencias pasadas, o nuestra percepción de ellas, que tiene la capacidad de frenarnos.

BASE Si nuestra atención se dirige a la base de un objeto, puede que necesitemos volver al punto de partida de un proyecto en el que estemos implicados en la vida de vigilia. Deberíamos considerar hasta qué punto somos estables en cualquier situación.

BASTÓN Dado que muchas personas asocian el bastón con alguna forma de castigo o sadismo, puede representar el autocastigo o el masoquismo. Sin embargo, es más probable que su aparición en un sueño signifique que estamos intentando superar algún tipo de trauma infantil. Un bastón, en el sentido de palo, es un mecanismo de apoyo.

BASURA La basura en nuestro sueño crea un escenario en el que somos capaces de lidiar con aquellas partes de nuestra experiencia o nuestros sentimientos, que son como basura, y que necesitan ser clasificadas para decidir qué se conserva y qué se rechaza. Estar **recogiendo basura** puede indicar que estamos haciendo suposiciones erróneas.

BATA Soñar con una bata, como por ejemplo una **bata de baño**, puede tener dos significados. Uno es el de encubrir la vulnerabilidad y el otro es el de estar relajado y a gusto. El sueño indicará el significado correcto. **Vestir a otra persona con una bata** es protegerla.

BATE Soñar con un bate de cricket, u otro bate deportivo de este tipo, dará una indicación de nuestra actitud ante la agresión controlada, o de cómo nos enfrentamos a las fuerzas externas.

BATIMIENTO La mayoría de los sueños en los que un líquido se agita, hierve o se mueve de algún modo están relacionados con un sentido muy primitivo del caos. Esto indica que tal vez necesitemos reevaluar nuestras capacidades creativas para aprovechar la energía de que disponemos.

BAÚL En otros tiempos, soñar con un baúl presagiaba un largo viaje. Hoy en día, como la gente tiende a viajar ligera de equipaje, es mucho más probable que represente un depósito de cosas viejas y, por tanto, signifique ideas antiguas y anticuadas.

BAUTISMO Soñar **con ser bautizado** indica que una nueva influencia entra en la vida del soñador, limpiando viejas actitudes y abriéndose a sus posibilidades interiores. Soñar **que se bautiza** a alguien significa que el soñador está dispuesto a transmitir conocimientos a otras personas.

BEBER Estar bebiendo en un sueño significa estar absorbiendo o asimilando algo. Lo **que bebemos** también es importante; por ejemplo, un zumo de frutas indicaría que somos conscientes de la necesidad de limpieza y pureza.

BELLOTA Soñar con bellotas indica que está empezando a surgir un enorme proceso de crecimiento a partir de pequeños comienzos. Hay un nuevo potencial de fuerza. Dado que las bellotas aparecen en otoño, puede ser necesario cosechar o recoger las ideas antes de almacenarlas para darles tiempo a trabajar.

BESO Cuando soñamos que besamos a alguien, puede sugerir la aceptación de una nueva relación con esa persona. Este acto también puede significar que, a nivel subconsciente, estamos intentando desarrollar en nosotros una cualidad que pertenece a esa otra persona.

BESTIAS FABULOSAS como *Grifos, Unicornios o Minotauros* En las imágenes oníricas, para llamar la atención del soñador sobre determinadas cualidades, los animales pueden mostrarse con características que pertenecen a otras criaturas. De este modo, se muestra al soñador que existe libertad con respecto a los principios convencionales.

BIBLIA - *ver también Imágenes religiosas* Si soñamos con una Biblia u otro libro religioso, suele significar que somos conscientes de las normas morales tradicionales.

BIBLIOTECA - *ver también Casa* Una biblioteca en sueños puede representar a menudo el almacén de nuestra experiencia vital. También puede representar nuestro intelecto y la forma en que manejamos el conocimiento. **Una biblioteca bien ordenada** sugeriría la capacidad de crear orden con éxito. **Una más caótica** y desordenada sugeriría que tenemos dificultades para manejar la información.

BICICLETA - *ver también Viaje* Soñar que **se monta en bicicleta** indica la necesidad de prestar atención al esfuerzo personal o a la motivación.

BIENVENIDA Recibir una bienvenida en un sueño sugiere que nos estamos aceptando a nosotros mismos. Nos empieza a gustar quiénes somos. **Si la bienvenida es de un miembro de nuestra familia** estamos siendo aceptados en una mejor relación familiar.

BILLETE En general, **soñar con un billete** sugiere que hay un precio que pagar por algo. **Un billete de autobús o de tren** puede indicar que hay un precio que pagar por avanzar. **Una entrada para el teatro o el cine** puede sugerir que necesitamos pasar a un segundo plano y ser objetivos sobre una parte de nuestras vidas. **Una entrada para un partido de fútbol o rugby** puede significar que tendremos que pagar por algún aspecto conflictivo de nuestra vida.

BLOQUEO Un bloqueo puede presentarse de muchas formas. Podemos experimentarlo como un **bloqueo físico**, es decir, algo que hay que escalar o sortear, un **bloqueo mental** (como no poder hablar o escuchar) o un **bloqueo espiritual** (como un ángel o un demonio que nos detiene).

BODA - *ver Matrimonio*

BOLÍGRAFO / LÁPIZ - *ver también Tinta* Si en un sueño aparece un bolígrafo o un lápiz, estamos expresando o reconociendo la necesidad de comunicarnos con otras personas. **Si el bolígrafo no funciona**, no comprendemos la información que se nos ha dado. **Si no lo encontramos**, no tenemos suficiente información para seguir adelante con un aspecto de nuestra vida.

BOLSILLO Soñar con un bolsillo significa estar tratando con secretos o pensamientos personales, cosas que hemos decidido ocultar deliberadamente. Pueden incluir pensamientos sobre nuestras propias habilidades y el valor que tenemos dentro de nuestra comunidad personal.

BOLSO Un bolso en sueños puede significar que tenemos problemas con los elementos femeninos de nuestra identidad. Dependiendo del tipo de bolso (por ejemplo, un **bolso de mano** o una **bolsa de la compra**), puede que estemos ocultando ciertos aspectos de nosotros mismos a la opinión pública.

BOMBA - *ver también Explosión nuclear* Las bombas que aparecen en sueños suelen indicar algún tipo de situación explosiva a la que hay que hacer frente. **Explotar una bomba** indica la necesidad de actuar positivamente, mientras que **desactivarla** sugiere tener cuidado para no empeorar la situación.

BONOS Si soñamos con **bonos de ahorro** (pagarés), puede indicar que tenemos un sentido del compromiso con una persona o un principio, que somos capaces de hacer promesas que podemos cumplir.

BORDE Un borde puede aparecer de muchas formas diferentes en un sueño. Que nuestra atención se dirija al **borde o frontera de lo material** puede indicar cambios que haremos en el mundo material. **Estar de pie en un límite o frontera entre dos países** puede mostrar la necesidad de hacer grandes cambios en la vida; tal vez trasladar físicamente nuestro lugar de residencia.

BORRACHO - *ver también Alcohol e intoxicación* **Estar borracho** en sueños significa que nos abandonamos a fuerzas irracionales. Queremos liberarnos de responsabilidades e inhibiciones. **Emborrachar** a otra persona significa imponerle nuestra irresponsabilidad.

BOSQUE - *ver también Árboles y Madera* Soñar con bosques o con un grupo de árboles suele significar entrar en los dominios de lo femenino. Un bosque suele ser un lugar de prueba e iniciación. Siempre tiene algo que ver con llegar a un acuerdo con nuestro yo emocional, con comprender los secretos de nuestra propia naturaleza.

BOSTEZAR Si en un sueño somos conscientes de que bostezamos, puede indicar aburrimiento y cansancio. También es posible que estemos intentando decir algo, pero que aún no hayamos pensado bien lo que queremos decir.

BOTE SALVAVIDAS Soñar con un bote salvavidas podría indicar que tenemos la sensación de que necesitamos ser rescatados, posiblemente de circunstancias que escapan a nuestro control. **Si estamos al timón de un bote salvavidas**, seguimos controlando nuestra propia vida, pero quizá seamos conscientes de que necesitamos ofrecer ayuda a otra persona. Como el mar puede representar emociones profundas, en sueños un bote salvavidas puede ser de ayuda para manejar nuestras propias emociones.

BOTELLA En cierta medida, depende del tipo de botella que se perciba en el sueño. Ver el **biberón de un bebé** indicaría la necesidad de ser alimentado con éxito y ayudado a crecer. Una **botella de alcohol** mostraría la necesidad de celebrar, o de frenar un exceso, mientras que una **botella de medicamento** podría simbolizar la necesidad de velar por la propia salud. Una **botella rota** podría indicar agresividad o fracaso.

BRAZOS - *ver también Cuerpo* Utilizamos los brazos de formas muy diversas y, en sueños, a menudo es importante observar lo que está ocurriendo. Podemos estar defendiéndonos, luchando, siendo sujetados o reconociéndonos, por ejemplo.

BRILLO Experimentar brillo en un sueño significa que alguna parte de nuestra vida necesita ser iluminada, a menudo por una fuente externa.

BRISA Soñar con una brisa significativa indica un estado de ánimo contento. Normalmente se considera que el viento pertenece al intelecto, por lo que, por asociación, una brisa suave indica amor, mientras que una brisa fuerte indica cierto grado de abrasividad.

BROMAS Cuando en un sueño **se burlan de nosotros**, nos damos cuenta de que nuestro comportamiento puede no ser el adecuado. Si **nos burlamos de alguien** y señalamos su idiosincrasia, puede que en realidad estemos poniendo de relieve nuestras propias discrepancias.

BROTE Soñar con un brote significa reconocer el desarrollo de una nueva forma de vida, nuevas experiencias o nuevas emociones. Soñar que un **capullo muere** o se marchita indica el fracaso de un proyecto.

BRÚJULA Soñar con una brújula suele significar un intento de encontrar una dirección o una actividad. Tenemos que ser capaces de comprender las distintas direcciones que se nos ofrecen y seguir la que nos conviene.

BRUTALIDAD Experimentar alguna forma de brutalidad en un sueño puede ser aterrador hasta que nos damos cuenta de que estamos conectando con el lado más oscuro y animal de nosotros mismos. Es posible que tengamos que enfrentarnos a los miedos asociados a ese lado para progresar.

BUCEAR Soñar con bucear puede representar la necesidad de libertad en nuestra vida, aunque asociemos la libertad con la asunción de riesgos. Puede que necesitemos escarbar en nuestro inconsciente para encontrar la capacidad de afrontar la ansiedad.

BUDA En sueños, el Buda representa la negación o la pérdida del ego, una señal de que es necesario liberarse del pensamiento y del deseo.

BURBUJAS Podemos soñar con burbujas como parte de nuestra necesidad de divertirnos de forma infantil. A menudo tomamos conciencia de la naturaleza temporal de la felicidad y de nuestra necesidad de ilusión.

BUSCAR Estar buscando en un sueño es un intento de encontrar una respuesta a un problema. Si **buscamos a alguien**, puede que seamos conscientes denuestra soledad. Si **buscamos algo**, puede que seamos consciente de una necesidad insatisfecha.

BÚSQUEDA Buscar algo en sueños suele indicar que somos conscientes de que debemos emprender una tarea aterradora para progresar. Muchos relatos mitológicos tienen como tema principal la búsqueda de algo raro o mágico (por ejemplo, Jasón y los Argonautas). Tales temas pueden trasladarse a los sueños de una forma personalmente aplicable.

C: De Caballero a Cuna

CABALLERO La aparición de un caballero en sueños, sobre todo en el sueño de una mujer, puede tener la connotación obvia de una relación romántica: el caballero de brillante armadura. En realidad, se trata de una manifestación de la propia masculinidad interior de la mujer y tiene que ver con su búsqueda de la perfección.

CADENA Soñar con cadenas en cualquiera de sus formas indica un tipo de restricción o dependencia. Del mismo modo que necesitamos fuerza para liberarnos de las cadenas, también necesitamos fuerza para soportarlas. Al tomar conciencia de lo que nos retiene, también nos damos cuenta de cómo liberarnos.

CAÍDA / CAEMOS Una **caída** en sueños pone de manifiesto la necesidad de tener los pies en la tierra, de tener cuidado en una situación conocida. Y soñar que nos **caemos** muestra una falta de confianza en nuestra propia capacidad.

Podemos sentirnos amenazados por una falta de seguridad, ya sea real o imaginaria. O podemos temer que otros nos dejen caer.

CAJA **Sentirse encajonado** en un sueño es no poder expandirse de forma adecuada. Soñar que **metemos cosas en una caja** indica que intentamos deshacernos de sentimientos o pensamientos con los que no podemos lidiar.

CALAVERA Si en un sueño aparece una calavera, puede que tengamos que fijarnos en el resto del sueño para averiguar su simbolismo. La **calavera con los huesos cruzados** puede representar tanto una apreciación romántica de un pirata como un símbolo de peligro. Como la calavera es una representación de la cabeza, también puede simbolizar la capacidad intelectual o, más bien, la falta de ella.

CALDERO El caldero representa casi universalmente la abundancia, el sustento y el alimento. Por asociación, el caldero mágico sugiere fertilidad y el poder femenino de transformación. Soñar con un caldero, por tanto, nos reconecta con nuestros principios básicos.

CALEIDOSCOPIO Así como un niño está fascinado por el patrón que crea un caleidoscopio, la imagen onírica de un caleidoscopio puede presentarnos una creatividad que a menudo puede quedar atrapada.

CALENDARIO Si aparece un calendario en un sueño, puede que nuestra atención se esté dirigiendo al pasado, al presente o al futuro y a algo significativo en nuestras vidas, o puede que se nos esté advirtiendo del paso del tiempo en un esquema importante.

CÁLIZ / COPA / VASO En sueños, el cáliz, la copa o el vaso representan el principio receptivo femenino y nuestra capacidad para disfrutar de diferentes maneras. Podemos ser capaces de hacer una celebración de algo ordinario.

CALOR Los sentimientos placenteros pueden traducirse en sueños en una sensación física. Soñar que **hace calor** indica sentimientos cálidos, o quizá apasionados. Ser consciente de que **nuestro entorno está caliente** indica que nos quieren y nos cuidan.

CALVO Soñar con alguien que es calvo indica que estamos siendo conscientes de un grado de torpeza en nuestras vidas.

CAMA - *ver también Muebles y Colchón* **Irse a la cama solo en sueños** puede indicar el deseo de volver a la seguridad del vientre materno. Soñar con **una cama hecha con sábanas frescas** indica la necesidad de un nuevo enfoque de los pensamientos e ideas que realmente nos importan.

CÁMARA Estar **utilizando una cámara** en un sueño significa que estamos grabando acontecimientos que quizá debamos recordar o de los que debamos tomar nota con mayor detenimiento. **Ser filmado** indica que debemos examinar más detenidamente nuestras acciones y reacciones ante determinadas situaciones.

CAMARERO / CAMARERA Si desempeñamos el papel de camarero o camarera, somos conscientes de nuestra capacidad para atender a otras personas. **Si nos atienden**, quizá necesitemos que nos cuiden y nos hagan sentir especiales.

CAMELLO Según el entorno del sueño, el camello puede representar lo insólito o lo extraño. También representa los recursos disponibles y la obediencia a un principio básico.

CAMINAR En un sueño, caminar indica la forma en que debemos avanzar. **Caminar con un propósito** sugiere que sabemos adónde vamos. **Deambular sin rumbo** sugiere que debemos fijarnos objetivos. **Disfrutar del acto de caminar** es volver a la inocencia del niño. **Utilizar un bastón** es reconocer que necesitamos el apoyo y la ayuda de los demás.

CAMINO Un camino en sueños significa la dirección que uno ha decidido tomar en la vida. El tipo de camino, por ejemplo, **si es liso o pedregoso, sinuoso o recto**, puede ser tan importante como el propio camino.

CAMPANA Tradicionalmente, **oír el tañido de una campana** en sueños significaba ser advertido de una catástrofe o de una muerte. Aunque este significado es menos frecuente hoy en día, ya que existen medios de comunicación más eficaces, una campana en sueños (como el **timbre de una puerta**) nos advierte de que debemos estar alerta. También puede indicar que deseamos comunicarnos con alguien que está distanciado o alejado de nosotros.

CAMPO - *ver también Lugares* Cuando soñamos con el campo, nos ponemos en contacto con nuestros propios sentimientos naturales y espontáneos. Podemos tener recuerdos del campo que evocan un estado de ánimo o una forma de ser particulares. Podemos volver, sin sentirnos culpables, a un estado muy relajado.

CANAL Dado que un canal es una estructura hecha por el hombre, soñar con un canal suele indicar que tenemos tendencia a ser rígidos en lo que se refiere al control de nuestras emociones. Puede que estemos introduciendo demasiada estructura en nuestras vidas a expensas de nuestra creatividad.

CÁNCER El cáncer es uno de los principales miedos con los que tiene que lidiar el ser humano, por lo que soñar con un cáncer indica que podemos estar de algún modo en desarmonía con nuestro cuerpo. Indica miedo a la enfermedad e igualmente puede representar algo que nos "corroe", normalmente una idea negativa.

CANGREJO La aparición de un cangrejo en sueños puede indicar maternidad, sobre todo del tipo "amor asfixiante", pero también cualidades de falta de fiabilidad e interés propio. El cangrejo también puede, por su forma de moverse, denotar astucia.

CANOA Soñar con una canoa indicaría que estamos manejando nuestras emociones de forma aislada, posiblemente intentando controlar su flujo.

CANTAR Oír cantar en un sueño es conectar con la autoexpresión que todos tenemos. Estamos en contacto con el lado fluido y sensible de nosotros mismos y de los demás. **Cantar** es expresar nuestra alegría y amor por la vida. Si **cantamos solos**, hemos aprendido a ser hábiles por nosotros mismos. Estar **en un coro** sugiere nuestra capacidad para rendir culto o expresarnos en un grupo de iguales. Obviamente, si el soñador es cantante en la vida de vigilia, la interpretación variará.

CANTERA Soñar con una cantera significa extraer las profundidades de la personalidad, "desenterrar" los conocimientos y percepciones positivas que podamos tener. A menudo se crean símbolos oníricos que enlazan con experiencias de la infancia o del pasado que podemos haber enterrado y que ahora es necesario sacar a la luz.

CAPUCHA Una figura encapuchada en sueños suele parecer ligeramente amenazadora. A veces, la capucha puede representar una parte de nosotros mismos que está creando un problema, un aspecto de nuestra personalidad que puede necesitar ser descubierto para que podamos funcionar de una manera aceptable.

CARACOL El caracol que aparece en sueños tiende a representar la vulnerabilidad y la lentitud.

CARÁMBANOS Los carámbanos en los sueños pueden hacernos conscientes de que nuestro entorno no nos apoya de la manera que esperaríamos, creando así dificultades.

CARCELERO Soñar con un carcelero indica restricción de algún tipo, tal vez por nuestras propias emociones o por la personalidad o las acciones de otra persona. Habrá un sentimiento de autocrítica y de alienación que dificultará la realización de nuestras tareas ordinarias y cotidianas.

CARDO Ser consciente de los cardos en un sueño es ser consciente de algún malestar en la vida de vigilia. **Un campo de cardos** sugiere un camino difícil. **Un solo cardo** indicaría dificultades menores.

CARIDAD Soñar con **dar o recibir caridad** tiene mucho que ver con nuestra capacidad de dar y recibir amor. Una **caja de caridad** en un sueño suele indicar que somos conscientes de nuestras propias necesidades.

CARNICERO Vemos al carnicero como alguien que mutila, pero que al mismo tiempo nos mantiene, y esto se refleja en sueños cuando aparece como alguien que separa lo bueno de lo malo. También puede ser un destructor.

CARTA - *ver también Dirección* Si recibimos una carta en sueños podemos ser conscientes de algún problema con la persona de la que procede. Es posible que se sepa que el remitente ha fallecido, en cuyo caso hay asuntos sin resolver con esa persona o la situación relacionada con ella. **Si estamos enviando una carta**, tenemos información que creemos que puede ser relevante para esa persona.

CARTAS (BARAJA) Soñar que jugamos a las cartas pone de relieve nuestra capacidad para abrirnos a las oportunidades o para arriesgarnos. Las cartas que uno reparte o recibe en un sueño pueden tener un significado.

CARTERA En sueños, la cartera es una representación de dónde guardamos nuestros recursos, tanto financieros como de todo tipo.

CASA Una casa casi siempre hace referencia al alma y a la forma en que construimos nuestra vida. **Otra persona en la casa** sugiere que el soñador puede sentirse amenazado por un aspecto de su propia personalidad. Si **hay actividades diferentes**, indica que hay un conflicto entre dos partes de nuestra personalidad, posiblemente la creativa y la intelectual. El **exterior de la casa** representa la fachada que mostramos al mundo exterior. **Entrar/salir de la casa**: puede que tengamos que decidir si en ese momento necesitamos ser más introvertidos o más extrovertidos. **Una casa impresionante**, sobrecogedora: en un sueño así somos conscientes del Ser o del Alma. **Mudarse a una casa más grande**: hay necesidad de un cambio en nuestras vidas, quizás para lograr un modo de vida más abierto, o incluso para tener más espacio. **Estar fuera de casa**: se está representando el lado más público de nosotros mismos. **Una casa pequeña, o la casa donde nació el soñador**: el soñador busca seguridad, o quizá la seguridad de la infancia, sin responsabilidades. Si la pequeñez de la casa nos constriñe: estamos atrapados por nuestras responsabilidades y puede que necesitemos escapar. **Trabajos en la casa**, como cementar, reparar, etc.: las relaciones pueden necesitar ser trabajadas o reparadas, o quizás necesitemos ocuparnos de asuntos de salud. Puede que necesitemos tomar nota de los daños o la decadencia que se han producido en nuestras vidas. **Las diferentes habitaciones y partes de las casas** en sueños indican los diversos aspectos de nuestra personalidad y experiencia. Por ejemplo, soñar con estar en un desván tiene que ver con experiencias pasadas y viejos recuerdos. Curiosamente, también puede poner de relieve patrones familiares de comportamiento y actitudes que se han transmitido. **El sótano** suele representar el subconsciente y las cosas que podemos haber reprimido por incapacidad para manejarlas. Un sótano también puede poner de relieve el poder del que disponemos si estamos dispuestos a utilizarlo. Puede que no hayamos llegado a un acuerdo con nuestra propia sexualidad y prefiramos mantenerla oculta. En sueños, **el cuarto de baño o el retrete** revelan a menudo nuestra actitud hacia la limpieza personal y nuestros pensamientos y acciones más privados. **El dormitorio** representa un lugar seguro donde podemos relajarnos y ser tan sensuales como deseemos. **Una chimenea**, a la vez pasaje de un estado a otro (de lo ordinario a la libertad) y conductor de calor, puede indicar cómo gestionamos nuestras emociones y nuestro calor interior. **El pasillo** puede ser ilustrativo de cómo conocemos y nos relacionamos con otras personas. Y **la biblioteca** puede ser representativa de nuestra mente y de cómo almacenamos la información que recibimos.

CASA DE EMPEÑOS Soñar con una casa de empeños puede indicar que no estamos siendo lo suficientemente cuidadosos con los recursos, ya sean materiales o emocionales, que poseemos. Es posible que estemos asumiendo riesgos que debemos considerar con más cuidado.

CASCADA Una cascada, en su nivel básico de interpretación, puede representar un orgasmo. También puede significar cualquier manifestación de emoción enérgica pero controlada.

CASCO Si en un sueño **otra persona lleva puesto un casco**, puede tener el mismo simbolismo que una máscara, en el sentido de que impide que el portador sea visto. **Si lo lleva el soñador**, es un símbolo de protección y conservación.

CASTIGO Cuando sentimos que no nos ajustamos a lo que se espera de nosotros, el castigo o la amenaza de castigo suelen estar presentes en los sueños. El autocastigo se produce cuando no hemos alcanzado los niveles que esperamos de nosotros mismos.

CASTILLO Soñar con un castillo, un palacio, una fortaleza o una ciudadela nos remite al principio femenino del espacio privado cerrado y defendido, por lo que puede interpretarse como una representación de la Gran Madre. También puede representar lo fantástico, o la dificultad para conseguir nuestros objetivos.

CATACUMBA / CRIPTA Muchos sueños contienen imágenes que tienen que ver con el espacio subterráneo, y soñar con una cripta o una catacumba significa la necesidad de llegar a un acuerdo con las creencias religiosas subconscientes o la formación.

CAZA / CAZADOR Soñar que **se es cazado** se suele relacionar con la sexualidad. Su significado aún más antiguo está relacionado con la muerte. Por asociación, soñar con una cacería es registrar la necesidad de un cambio de estado en la vida cotidiana.

CEBO Soñar con poner un cebo puede ser indicio de dudas sobre nuestra propia capacidad para atraer a una pareja. Podemos sentir que tenemos que atrapar o enredar a una pareja.

CEBOLLA - *ver también Comida* Curiosamente, la cebolla puede aparecer en sueños y en meditación como símbolo de integridad, pero de una integridad que tiene muchas capas. **Pelar una cebolla** puede sugerir que intentamos encontrar la mejor parte de nosotros mismos o de otra persona. También puede indicar nuestras profundidades ocultas.

CEDER En un sueño, ceder significa ser consciente de la inutilidad de la confrontación. Para comprenderlo, tal vez debamos analizar situaciones concretas de nuestra vida.

CEGUERA Si sufrimos de ceguera en un sueño, hay una incapacidad o falta de voluntad para "ver" algo –potencialmente cualidades en nosotros mismos que no nos gustan.

CEMENTERIO El cementerio y su asociación con la muerte pueden tener un doble significado en sueños. Puede representar las partes de nosotros mismos que hemos "matado" o dejado de utilizar. También puede representar nuestros pensamientos y sentimientos sobre la muerte y las actitudes y tradiciones que la rodean.

CENIZAS Las cenizas en sueños suelen indicar penitencia y tristeza. Somos conscientes de que hemos sido demasiado ansiosos o tontos en una situación particular, y que queda poco por hacer ya que la situación ha superado su utilidad. Tras la desaparición de un acontecimiento o de una persona, podemos soñar con un fuego que se ha consumido, dejando cenizas. Son lo que queda de nuestra experiencia, lo que nos permitirá sacar lo mejor de nuestra situación actual.

CENTAURO Tradicionalmente, el Centauro era mitad hombre y mitad bestia, y se asocia con el signo zodiacal de Sagitario. La aparición de un centauro en sueños demuestra la unificación de la naturaleza animal del hombre con sus cualidades de virtud y juicio humanos.

CENTRO Soñar que **estamos en el centro de algo**, por ejemplo, en el centro de un grupo de personas, pone de relieve que somos conscientes de nuestra capacidad para ser poderosos en una situación; que todo gira a nuestro alrededor. **Alejarse del centro** indica que parte de nuestra vida puede estar desequilibrada.

CERA Soñar con cera tiene mucho que ver con la maleabilidad que es posible alcanzar en nuestras vidas. Debemos estar preparados para ceder, pero también para ser firmes cuando sea necesario.

CERCA Cuando somos conscientes de estar cerca de alguien o de algo en un sueño, estamos a punto de reconocerlo en la vida despierta. Puede que nos estemos acercando emocionalmente o que seamos más capaces de manejar lo que esté sucediendo. Estar cerca de alguien en un sueño puede significar que buscamos intimidad, o quizás protección.

CEREBRO Cuando en un sueño **se presta atención al cerebro**, se espera que consideremos nuestro intelecto o el de los demás. Soñar que **se protege el cerebro** indica la necesidad de tener cuidado en las actividades intelectuales. Puede que nos estemos exigiendo demasiado.

CEREMONIA / RITUAL Cuando soñamos que participamos en una ceremonia de cualquier tipo, incluido un ritual religioso, somos conscientes de que necesitamos una nueva actitud o habilidad, o de que se está produciendo un cambio importante en nuestras vidas.

CERRADO / ENCERRADO En los sueños, los mecanismos de defensa que ponemos en marcha para evitar sentir profundamente el impacto de cosas como las relaciones, el amor, la ansiedad o el dolor a menudo pueden manifestarse como un espacio cerrado. Las restricciones y limitaciones pueden aparecer como muros y barreras reales.

CERRADURA / CERRADO - *ver también Llave y Prisión* La aparición de una cerradura en sueños puede alertarnos de que necesitamos liberar emociones que hemos encerrado. **Cerrar un candado** sugiere que intentamos alejar algo (tal vez un sentimiento), quizá por miedo o posesividad. Por el contrario, **abrir un candado** puede significar que estamos intentando abrirnos a nuevas experiencias. **Forzar un candado** indicaría que necesitamos trabajar contra nuestras propias inclinaciones a encerrar las cosas para liberarnos de las inhibiciones. **Estar arreglando un candado** sugiere que sentimos que nuestro espacio personal ha sido invadido y que necesitamos reparar el daño.

CERRAR Cerrar una puerta significa que debemos tomar la decisión de dejar atrás el pasado.

CESTA Soñar con una cesta, sobre todo llena, es soñar con fructificación y abundancia. También puede representar el principio de cierre femenino.

CETRO El cetro representa el poder real y la soberanía. Cuando aparece en sueños suele ser indicativo de que hemos otorgado a alguien autoridad sobre nosotros. Hemos abdicado de nuestra responsabilidad hasta el punto de que el yo interior tiene que tomar el relevo. El cetro también tiene el mismo simbolismo que la mayoría de las varas, que es, por supuesto, fálico.

CHAMPÚ El champú en sueños tiene una relación evidente con la limpieza y el lavado. En la práctica, intentamos "despejarnos" para pensar o ver con claridad.

CHARCO - *ver también Lago, Piscina y Agua* Un charco, siendo una cantidad menor de líquido que una piscina o un lago, puede sin embargo tener el mismo significado. Cuando aparece en un sueño, tomamos conciencia de nuestras emociones y del modo en que las manejamos.

CHISPA Una chispa en un sueño representa un comienzo. Ser consciente de una chispa es ser consciente de lo que va a hacer posible las cosas. Desde una perspectiva física, es algo pequeño que da lugar a algo mayor.

CHIVO EXPIATORIO La palabra chivo expiatorio procede del sacrificio de una cabra para apaciguar a los dioses, y en sueños este símbolo puede ser muy relevante. Si en nuestro sueño **somos el chivo expiatorio** de la acción de otra persona, entonces nos estamos convirtiendo en una víctima. Puede que otras personas intenten hacernos pagar por sus fechorías. Si **convertimos a otra persona en chivo expiatorio**, esto indica que nos estamos culpando a nosotros mismos y que no asumimos la responsabilidad de nuestros actos.

CHUPAR Ser consciente de chupar en un sueño sugiere una vuelta al comportamiento infantil y a la dependencia emocional. **Chupar una piruleta** nos alerta de una necesidad de satisfacción oral en el sentido de reconfortarnos. **Chuparse un dedo** puede sugerir una necesidad física.

CICATRIZ Una cicatriz en sueños sugiere que hay viejas heridas que no se han superado del todo. Éstas pueden ser tanto mentales y emocionales como físicas, y pueden pasar desapercibidas hasta que nos las recuerdan. Al igual que en las lesiones físicas puede haber muchos tipos de cicatrices, también puede haberlas en las otras áreas. Por ejemplo, podemos quedarnos con un patrón

de comportamiento que resulte irritante para otras personas, pero sin la clara conexión que nos proporciona la imagen onírica, somos incapaces de entenderlo.

CIELO En sueños, el cielo puede representar la mente. También puede significar nuestro potencial. **Flotar o volar** en el cielo puede ser ambivalente, ya que puede significar intentar evitar lo mundano o explorar un potencial diferente. Si el cielo es **oscuro**, puede reflejar nuestro estado de ánimo sombrío; si es **luminoso**, nuestro estado de ánimo alegre.

CIÉNAGA / PANTANO Cuando soñamos con una ciénaga o un pantano, puede indicar que nos sentimos "empantanados" o abrumados. Sentimos que nos frenan en algo que queremos hacer, y tal vez nos falte la confianza en nosotros mismos o el apoyo emocional que necesitamos para seguir adelante. Un pantano o una ciénaga también pueden indicar que estamos siendo inundados por las circunstancias o atrapados de alguna manera por las circunstancias que nos rodean. Y **estar inundando a otra persona** en un sueño puede sugerir que estamos siendo demasiado necesitados.

CILICIO En su forma más antigua, el cilicio representaba la humillación. La gente vestía cilicio para indicar que eran menos que polvo. Hoy en día en los sueños es mucho más probable representar que nos hemos humillado en una acción que hemos realizado.

CINCEL El significado de un cincel en un sueño dependerá de si el soñador es o no un artesano en la vida de vigilia. En tal caso, representará el orgullo por el logro y el conocimiento especializado. Si el soñador no tiene ninguna habilidad, dependerá de otros simbolismos del sueño, pero probablemente indicará la necesidad de utilizar la fuerza en una situación concreta.

CINTA Soñar con una **cinta métrica** indica nuestra necesidad de "medir" nuestras vidas de alguna manera. Tal vez debamos considerar cómo nos comunicamos con los demás o cómo estamos a la altura de sus expectativas. Igualmente, si **somos nosotros quienes medimos**, puede que estemos intentando poner orden en nuestras vidas.

CINTURÓN Soñar con un cinturón que nos llama la atención representa el hecho de que tal vez estemos atados por viejas actitudes, deberes, etc. Un **cinturón adornado** puede representar un símbolo de poder o de cargo (como en los cinturones de regimiento o de enfermeras).

CIRCUNFERENCIA Estar dentro de la circunferencia de un círculo es ser consciente, a través de las imágenes oníricas, de las limitaciones que nos hemos impuesto. **Quedar fuera** de la circunferencia de un círculo es no ser digno, o tal vez no saber.

CIRCUNVALACIÓN Pasear en sueños por un edificio o un lugar determinado es crear un "universo" en el que se puede actuar. Es designar ese lugar como poseedor de un significado particular.

CITA Soñar con **ir a una cita** indica que necesitamos tener un objetivo o una meta. El sueño nos llama la atención sobre algo que nuestro ser interior siente que debemos tratar. **Faltar a una cita** sugiere que no estamos prestando suficiente atención a los detalles.

CIUDAD / PUEBLO Soñar con una ciudad, sobre todo con una **conocida por nosotros**, es estar intentando comprender nuestro sentido de comunidad; de pertenencia a grupos. A menudo, a través de los sueños, nos damos pistas sobre lo que necesitamos en el entorno mental y emocional en el que vivimos, y una ciudad bulliciosa puede mostrar nuestra necesidad de interacción social. Una **ciudad desierta** puede reflejar nuestros sentimientos de abandono.

CLAVO Soñar con clavos, como al trabajar la madera, sugiere nuestra capacidad para unir cosas. El poder de sujeción del clavo también puede ser significativo.

CLIMA El tiempo que hace en un sueño suele indicar nuestro estado de ánimo y nuestras emociones. Somos muy conscientes de las situaciones externas cambiantes y tenemos que tener cuidado de ajustar nuestra conducta en respuesta a ellas.

CLUB Si soñamos con estar en un club, como un **local nocturno o un club deportivo**, estamos poniendo de relieve el derecho de todo ser humano a pertenecer a algo.

COCHE - *ver también Viaje* El coche es muy a menudo representativo de nuestro propio espacio personal, una extensión de nuestro ser. Soñar que **estamos en un coche** suele alertarnos sobre nuestra propia motivación, así **conducir el coche** puede indicar nuestra necesidad de alcanzar un objetivo, mientras que **ser pasajero** podría indicar que hemos cedido la responsabilidad de nuestra vida a otra persona.

COCHE FÚNEBRE Soñar con un coche fúnebre indica que probablemente estamos reconociendo que existe un límite de tiempo, ya sea para nosotros mismos o para un proyecto con el que estamos relacionados. A menudo necesitamos aceptar nuestros sentimientos hacia la muerte para comprendernos a nosotros mismos.

COCINA Para la mayoría de las personas, la cocina representa el "corazón" de la casa. En sueños, a menudo puede representar la función maternal y, por tanto, el lugar donde se cimentan muchas relaciones y tienen lugar muchos intercambios.

COCINAR Estar cocinando en un sueño significa estar preparando un alimento o saciar el hambre, de uno mismo o de los demás. Esta hambre puede no ser tan directa como un hambre física, sino algo más sutil, como la necesidad de aprovechar las diversas oportunidades que se nos presentan.

COCODRILO Soñar con cocodrilos, o con cualquier reptil, indica que estamos contemplando los aterradores aspectos inferiores de nuestra naturaleza. Podemos sentir que no tenemos control sobre ellos y, por lo tanto, sería muy fácil ser devorados por ello.

COFRE / CAJA Un cofre, o caja, que aparece en un sueño indica la forma en que mantenemos ocultas, o almacenamos, nuestras emociones. Es posible que nuestros ideales y esperanzas más importantes deban mantenerse en secreto. También puede mostrar lo mejor de nosotros, nuestras mejores intuiciones.

COHETE En términos básicos, el cohete está relacionado con la sexualidad masculina. **Recibir un cohete** sugiere reconocer que no estamos funcionando con la energía que necesitamos. **Despegar como un cohete** significa avanzar muy rápido en algún proyecto que tenemos.

COJO Soñar con ser cojo sugiere una pérdida de confianza y fuerza. Si **nosotros mismos somos cojos** en el sueño puede haber miedo de avanzar hacia el futuro.

COLA Soñar con una cola puede significar algún residuo del pasado, algo que todavía llevamos con nosotros. Esta energía residual podría necesitar ser exorcizada de tu vida, si no es útil para tu vida y progreso.

COLCHA La colcha o el edredón pueden representar a menudo nuestra necesidad de seguridad, calor y amor. Por lo tanto, ver una colcha en sueños significa identificar esa necesidad. Una colcha en particular puede tener un significado

especial. Por ejemplo, **un edredón de la infancia** en un sueño adulto sugeriría la necesidad de algún tipo de seguridad.

COLCHÓN - *ver también Cama* Al igual que una cama, soñar con un colchón indica la sensación que tenemos sobre una situación que hemos creado en nuestra vida, tanto si nos resulta cómoda como si no. Somos conscientes de nuestras propias necesidades básicas y somos capaces de crear sentimientos relajados que nos permiten expresarnos plenamente.

COLINA - *ver también Montículo* Estar en la cima de una colina –y, por tanto, en lo alto– indica que somos conscientes de nuestra propia visión ampliada. Nos hemos esforzado por conseguir algo y podemos observar los resultados de lo que hemos hecho y evaluar el efecto en nuestro entorno y en las personas que nos rodean. Hemos logrado cosas que antes creíamos imposibles y ahora podemos seguir trabajando a la luz de los conocimientos que hemos adquirido.

COLLAR - *ver también Joyas* Un collar sugiere un objeto especial y, por tanto, se traduce en cualidades o atributos especiales. Hay una riqueza que reconocer. Puede tratarse de sentimientos o emociones.

COLMENA Soñar con una colmena puede representar el esfuerzo que hay que hacer para crear fertilidad –o situaciones fértiles– para nosotros mismos. Se dice que la colmena representa una comunidad ordenada y, por tanto, la capacidad de absorber el caos. La colmena también puede representar la maternidad protectora.

COLOR El color es una parte vital del simbolismo. En parte tiene que ver con la frecuencia vibratoria de cada color y en parte con la tradición. En la actualidad se han llevado a cabo experimentos científicos para determinar el efecto del color, que han demostrado lo que los ocultistas y curanderos siempre han sabido. Al trabajar con los colores del arco iris, descubrimos que los colores cálidos y vivos, que devuelven la luz, son el amarillo, el naranja y el rojo. Los colores fríos y pasivos son el azul, el añil y el violeta. El verde es una síntesis de calor y frío. La luz blanca contiene todos los colores.

COMER - *ver también Comida y nutrición* Comer en sueños indica que se intenta satisfacer las propias necesidades o el hambre. El hambre es una necesidad básica y debemos darnos cuenta de que sólo una vez satisfecha podremos pasar a satisfacer nuestras necesidades más estéticas. Cuando soñamos que **nos comen**, nos enfrentamos al miedo a perder nuestro sentido de la identidad, a ser consumidos por algo como una obsesión, una emoción o un impulso abrumadores, o a tener que enfrentarnos a algo que no podemos controlar.

COMETA En la tradición china, la cometa simbolizaba el viento, y aún hoy representa la libertad. Por eso, soñar que volamos una cometa puede recordarnos los días despreocupados de la infancia, cuando no teníamos responsabilidades. A menudo, el material o el color son importantes (*ver Color*).

COMETA (Cuerpo celeste) Soñar con ver un cometa es reconocer la posibilidad de que surjan muy rápidamente circunstancias sobre las que no tenemos control y cuyo desenlace puede ser inevitable.

COMIDA - *ver también Comer y Alimentarse* La comida significa la satisfacción de nuestras necesidades básicas, ya sean físicas, mentales o espirituales. Los sueños frecuentes con comida o bebida sugieren una gran hambre o sed de algo.

COMPORTAMIENTO Nuestro comportamiento (o el de los demás) en un sueño puede diferir notablemente del normal, ya que el estado onírico nos da la libertad de resaltar aspectos de nosotros mismos de los que normalmente no seríamos conscientes.

CONCHAS En sueños, una concha representa las defensas que utilizamos para evitar que nos hagan daño. Podemos crear un caparazón duro como respuesta a una herida anterior, o un caparazón blando, que indicaría que aún estamos abiertos a que nos hieran. Las circunvoluciones en espiral de una concha también se han asociado a menudo con la perfección y, por tanto, con la abundancia. Por consiguiente, soñar con un objeto de este tipo enlazaría con una comprensión primitiva de las cosas que podemos tener.

CORDÓN UMBILICAL A menudo en la vida podemos desarrollar una dependencia emocional de los demás, y el cordón umbilical en sueños puede significar esa dependencia. Tal vez aún no hayamos aprendido a atender nuestras propias necesidades con madurez.

CORONA Soñar con una corona es reconocer el propio éxito y que tenemos oportunidades que ampliarán nuestros conocimientos y nuestra conciencia. Su forma circular significa continuidad y plenitud, así como vida eterna. Soñar que **nos regalan una corona** sugiere que se nos distingue, tal vez por algún honor, aunque antiguamente se creía que avisaba de una posible muerte. Soñar que **regalamos una corona** a otra persona significa que validamos nuestra relación con ella. Puede que estemos a punto de recibir un honor o una recompensa de algún tipo.

CORRER Correr en sueños sugiere velocidad y fluidez. Correr **hacia delante** significa confianza y habilidad. **Huir** significa miedo e incapacidad para hacer algo.

CORRIENTE Sentir una corriente de aire en un sueño es ser consciente de una fuerza externa que podría afectarnos o de una situación particular en la que nos encontramos. **Crear una corriente** de aire es intentar despejar la atmósfera.

COSECHA Soñar con una cosecha indica que vamos a recoger los frutos del esfuerzo previo que hemos tenido.

COSQUILLAS Soñar con cosquillas puede indicar que puede ser necesario más humor a la hora de afrontar ciertas cosas, para romper nuestras barreras de reserva.

COTILLEAR Estar cotilleando en un sueño puede significar que uno está difundiendo información, pero de una forma que no es necesariamente apropiada. Estar en un grupo de personas y **escuchar cotilleos** generalmente significa que estamos buscando algún tipo de información, pero quizás no tenemos la capacidad de conseguirla por nosotros mismos. Tenemos que recurrir a otras personas para que nos permitan alcanzar el nivel de información adecuado.

CRECIMIENTO Los cambios que se producen en nosotros y que dan lugar a nuevas formas de relacionarnos con los demás, con nosotros mismos o con las situaciones que nos rodean, son etapas de crecimiento. En sueños, se pueden representar como el crecimiento de una planta o algo similar.

CREMALLERA Una cremallera que aparece en un sueño puede indicar nuestra capacidad –o dificultad– para mantener relaciones con otras personas. Una cremallera atascada sugiere una dificultad para mantener nuestra dignidad en una situación incómoda.

CRISÁLIDA En un sueño, una crisálida puede interpretarse de dos maneras. En primer lugar, como potencial para la acción, que aún no se ha realizado, y en segundo lugar, como protección en una situación que debe esperar hasta que llegue el momento oportuno.

CRISTAL Soñar con cristales indica las barreras invisibles pero muy tangibles que podemos levantar a nuestro alrededor para protegernos de las relaciones con otras personas. También pueden representar las barreras que levantan otras personas y también ser los aspectos de nosotros mismos que hemos construido en nuestra propia defensa.

CRUCE / INTERSECCIÓN Soñar con cruces de caminos, o con una intersección, indica que vamos a tener que tomar decisiones en nuestra vida. A menudo, **girar a la izquierda** en una encrucijada puede indicar tomar el camino equivocado, aunque también puede indicar el camino más intuitivo. Por lo tanto, **girar a la derecha** suele significar tomar el camino correcto o tomar una decisión lógica.

CRUZAR Soñar que **cruzamos una carretera** significa reconocer la posibilidad de peligro, miedo o incertidumbre. Tal vez nos estemos enfrentando a la mayoría, o a algo que es más grande que nosotros.

CUARENTENA Soñar con tener que **entrar en cuarentena** significa nuestra incapacidad para cuidar de una parte vulnerable de nosotros mismos o de los demás. También puede indicar nuestra conciencia de tener que cortar el lado inferior, más animal de nosotros mismos.

CUARZO El cuarzo visto en sueños suele representar la cristalización de ideas y sentimientos. Afecta a nuestros procesos internos más profundos y a menudo nos permite expresar lo que antes nos resultaba imposible.

CUCHILLO - *ver también Armas* Un instrumento cortante en sueños suele significar algún tipo de división. Si **utilizamos un cuchillo**, puede que estemos liberándonos o intentando romper una relación. Si **nos atacan con un cuchillo**, indica que pueden utilizar palabras o acciones violentas contra nosotros.

CUENCO Un **cuenco de comida** en sueños representa nuestra capacidad para alimentar y sostener a los demás. Un **cuenco de flores** puede representar un don o un talento, mientras que un **cuenco de agua** representa nuestra capacidad emocional.

CUENTAS - *ver también Collar* Cuando soñamos con cuentas –incluso en un rosario– estamos estableciendo una conexión con la continuidad. **Soñar que las cuentas se rompen** indica el fracaso de un proyecto favorito.

CUERDA - *ver también Colgar y Lazo* La aparición de una cuerda en sueños significa algún tipo de atadura, tal vez para asegurar algo. También puede representar el intento de mantener unida una situación. Una cuerda puede sugerir fuerza y poder, aunque el poder puede volverse contra nosotros. **Una cuerda y una polea** sugieren utilizar las fuerzas del peso para ayudarnos. Si la cuerda está **hecha de una sustancia inusual, como pelo o tela**, hay un vínculo especial o una necesidad que requiere las cualidades que tiene esa sustancia.

CUERNOS - *ver también Astas* Los cuernos que aparecen en sueños remiten a la idea del animal en el ser humano. El dios Pan, que representa la sexualidad y la fuerza vital, llevaba cuernos. Un cuerno también representa el pene y la masculinidad. Como es penetrante, también puede significar el deseo de herir. La protección también es una cualidad de los cuernos, ya que el animal macho los utiliza para proteger su territorio. Un **cuerno musical** o de caza sugiere en sueños una invocación o una advertencia.

CUERO En su significado básico, y dependiendo de las circunstancias de la vida del soñador, el cuero puede asociarse con la imagen de uno mismo. A menudo se relaciona con la protección y, por consiguiente, con el uniforme. Por ejemplo, el **traje de cuero de un motociclista** le hará fácilmente identificable, pero también le protegerá en cualquier condición meteorológica. A menudo, los sueños arrojan una imagen que hay que tener muy en cuenta.

CUERPO El cuerpo representa al individuo y es la manifestación física externa de todo lo que somos. Puesto que ser "físico" es la primera experiencia que el bebé tiene de sí mismo, el cuerpo constituye la principal fuente de información.

CUESTIONARIO / QUIZ Responder a un cuestionario o a un quiz en un sueño sugiere que podemos estar intentando cambiar nuestras circunstancias sin estar seguros de lo que realmente debemos hacer para conseguir el cambio.

CUEVA Una cueva representa una puerta al inconsciente. Aunque al principio la cueva puede asustar, su exploración puede revelar nuestro interior.

CUL-DE-SAC Cuando el soñador se encuentra **atrapado en un callejón sin salida**, simboliza una acción inútil, pero quizá también un estado de inercia. Las circunstancias pueden estar impidiendo un movimiento hacia adelante, y puede ser necesario volver sobre los propios pasos para tener éxito.

CUNA Soñar con una cuna puede representar una nueva vida o nuevos comienzos. Como sueño **precognitivo**, una cuna puede representar un embarazo, mientras que en el **sueño de un hombre** una cuna puede representar la necesidad de volver a un estado de protección similar a un útero.

D: De Daga a Duelo

DAGA Cuando aparece una daga en un sueño, el significado puede ser agresivo o defensivo. Si el soñador está **utilizando la daga** para atacar a alguien, entonces puede estar intentando cortar alguna parte de sí mismo o deshacerse de algo que no le gusta. Si el soñador está **siendo apuñalado**, está poniendo de manifiesto su vulnerabilidad.

DAR Soñar con dar algo a alguien en un sueño indica nuestra necesidad de dar y recibir dentro de una relación: nuestra necesidad de dar de nosotros mismos, tal vez de compartir con los demás lo que tenemos, y de crear un entorno que permita dar y recibir.

DÁTIL cuando soñamos con la fruta conocida como dátil, estamos tomando conciencia de la necesidad de lo raro o exótico en nuestras vidas. Del mismo modo, puede que necesitemos dulzura y cariño.

DELFÍN - *ver también Animales* Los delfines son percibidos como salvadores y guías que poseen un conocimiento y una conciencia especiales. Procedentes de las profundidades, del inconsciente, también representan lo que hay de oculto en nosotros mismos y que es necesario comprender.

DEMOLICIÓN Depende más bien de las circunstancias del sueño si la demolición pone de manifiesto cambios importantes en la vida del soñador o un trauma autoinfligido. Si **somos nosotros** quienes llevamos a cabo la demolición, necesitamos tener el control, pero si es **otra persona** quien está al mando, podemos sentirnos impotentes ante el cambio.

DESCALZO Dependiendo de las circunstancias del sueño, estar descalzo puede indicar pobreza o el reconocimiento de la libertad sensual.

DESCENSO / DESCENDER Cuando soñamos con un descenso, como bajar una montaña o unos escalones, a menudo estamos buscando una respuesta a un problema concreto y necesitamos ser conscientes de traumas pasados o de algo que hemos dejado atrás y de lo que podemos aprender de ello.

DESCONGELACIÓN En sueños, ser consciente de una descongelación significa notar un cambio en nuestras propias respuestas emocionales. Ya no necesitamos estar tan distanciados emocionalmente como antes.

DESEMPLEO Soñar con estar desempleado sugiere que no estamos haciendo el mejor uso de nuestros talentos, o que sentimos que nuestras aptitudes no están siendo reconocidas.

DESEO Ser consciente de un deseo en un sueño quizá sea enlazar con nuestra naturaleza básica. Es posible que hayamos reprimido esos deseos en la vida de vigilia sólo para que afloren en sueños.

DESIERTO Soñar con **estar solo en un desierto** significa falta de satisfacción emocional, soledad o quizás aislamiento. Soñar con **estar en un desierto con otra persona** puede mostrarnos que esa relación en particular es estéril.

DESNUDARSE Cuando nos desvestimos en un sueño, podemos estar poniéndonos en contacto con nuestros propios sentimientos sexuales. También puede ser una señal de que necesitamos revelar libre y abiertamente nuestros verdaderos sentimientos sobre una situación que nos rodea.

DESNUDEZ Freud suponía que soñar con estar desnudo estaba relacionado con la sexualidad. Sin embargo, tiene más que ver con la imagen de uno mismo. Tenemos el deseo de que nos vean tal y como somos, de revelar nuestra personalidad esencial sin tener que crear una fachada. Interpretar un sueño en el que caminamos desnudos por la calle dependerá de si nos ven otras personas o no. **Si nos ven otras personas**, puede que haya algo de nosotros mismos que queramos revelar. **Si estamos solos**, puede que simplemente tengamos un deseo de libertad de expresión.

DESNUDO Si **el soñador está desnudo**, está tomando conciencia de su vulnerabilidad. Si **el paisaje está desnudo** hay falta de felicidad o quizás de fertilidad.

DESPENSA - *ver también Frigorífico* La despensa, como depósito de alimentos, suele indicar en sueños sustento o nutrición. La interpretación del sueño dependerá en cierta medida de lo que haya en la despensa. En épocas anteriores se habría referido a haber cosechado alimentos (*ver Cosecha*), pero aquí puede ser significativo si el soñador registra que falta un alimento concreto.

DESPERTAR Durante el sueño, nos damos cuenta de que estamos soñando y de que podemos despertarnos. Esto aparece en parte como una forma de obligarnos a tomar nota de una acción o circunstancia particular, y en parte para permitirnos utilizar, si queremos, la herramienta terapéutica de poder despertar y hacer un ajuste a un sueño que podría tener un final más feliz.

DESTINO - *ver también Lugares* Es bastante frecuente soñar que se intenta llegar a un destino concreto, y normalmente indica una ambición y un deseo conscientes. **Si no conocemos el destino**, es posible que nos estemos adentrando en territorio desconocido o que estemos intentando algo nuevo y diferente.

DETRÁS Estar detrás de alguien en un sueño indica que, a nivel subconsciente, podemos considerarnos inferiores en algún aspecto.

DÍA Cuando soñamos que pasa un día, o registramos que ha pasado el tiempo, nos estamos alertando de que necesitamos medir el tiempo en alguna actividad, o de que hay que actuar primero antes de que ocurra una segunda cosa.

DIABLO Soñar con un diablo suele significar que tenemos que enfrentarnos a una parte de nosotros mismos que nos da miedo o que desconocemos. Tenemos que enfrentarnos a esa parte y hacer que trabaje a nuestro favor en lugar de en nuestra contra. Y soñar con la figura convencional del Diablo, con cuernos y cola, significa que hay que enfrentarse a algo difícil para que pierda su potencia.

DIENTES Popularmente, se supone que los dientes representan la sexualidad agresiva, aunque más propiamente significan el proceso de crecimiento hacia la madurez sexual. **Que los dientes se caigan o se salgan** con facilidad indica que somos conscientes de estar atravesando algún tipo de transición, similar a la que va de la infancia a la madurez, o de la madurez a la vejez y el desamparo. **Si a uno le angustia que se le caigan los dientes**, sugiere que hay miedo a envejecer y a ser indeseable, o ansiedad por madurar.

DINERO - *ver también Riqueza* El dinero en sueños no representa necesariamente la moneda, sino más bien la forma en que nos valoramos a nosotros mismos. La aparición de este símbolo en sueños sugiere que debemos evaluar ese valor con más cuidado y ser conscientes de lo que "pagamos" por nuestros actos y deseos.

DINOSAURIO Cuando soñamos con monstruos o animales prehistóricos estamos tocando imágenes básicas que tienen el poder tanto de asustarnos como de asombrarnos, e incluso de amenazar nuestra existencia. Al considerarlos tan grandes, debemos ser conscientes de si lo que nos asusta es su tamaño o su poder.

DIOS / DIOSES Cuando soñamos con Dios nos estamos reconociendo a nosotros mismos que hay un poder superior al mando. Conectamos con toda la humanidad y, por tanto, tenemos derecho a un determinado conjunto de creencias morales.

DIOSA / DIOSAS Soñar con diosas míticas nos conecta con nuestras imágenes arquetípicas de feminidad. En el **sueño de una mujer**, una diosa aclarará la conexión a través del inconsciente que existe entre todas las mujeres y las criaturas femeninas. Es el sentido del misterio, de un secreto compartido, que es una fuerza tan intangible dentro de la psique de la mujer. En el estado de vigilia, es lo que permite a las mujeres crear una hermandad o una red entre ellas para alcanzar un objetivo común. En el **sueño de un hombre**, la figura de la diosa significa todo lo que el hombre teme en el concepto del poder femenino. Por lo general, también da una idea de su primera visión de la feminidad a través de su experiencia con su madre.

DISPARO / TIRO - *ver también Pistola y Armas* **Recibir un disparo** en sueños sugiere una herida en los sentimientos. **En el sueño de una mujer** puede simbolizar el acto sexual, tanto por sus sentimientos como por las imágenes masculinas. También puede indicar que nos sentimos víctimas o blanco de la ira de otras personas.

DIVORCIO Soñar con el divorcio puede significar nuestra necesidad de liberarnos de responsabilidades o de separarnos de una persona concreta en el sueño. También puede indicar la necesidad de aclarar nuestra propia relación entre las diversas facetas de nuestra personalidad.

DOCTOR Cuando soñamos con un médico somos conscientes de que debemos ceder el paso a una autoridad superior en materia de salud.

DOMAR Soñar que **domamos a un animal** indica nuestra capacidad para controlar o desarrollar una relación con el aspecto animal de nosotros mismos. Soñar que **nos doman**, como si nosotros mismos fuéramos el animal, significa la necesidad de control en nuestras vidas.

DOSEL Cuando soñamos con un dosel estamos buscando que nos protejan, nos cobijen o nos quieran. Antiguamente, un dosel se utilizaba para cobijar a quienes tenían deberes o poderes especiales, como reyes y reinas o sacerdotes y sacerdotisas. Aún hoy reconocemos este privilegio en nuestro fuero interno. Si **nosotros mismos estamos protegidos**, reconocemos nuestras capacidades y nuestro potencial de grandeza.

DRAGÓN El dragón es un símbolo complejo. Considerado temible pero manejable, en determinadas circunstancias representará en nosotros nuestra propia naturaleza indómita, nuestras propias pasiones y creencias caóticas con las que debemos llegar a un acuerdo. A menudo, sólo podemos lograrlo a través de los sueños, en un entorno creado adecuadamente.

DROGAS - *ver también Intoxicación* Cuando aparecen drogas en un sueño, ya sean autoadministradas o no, sugiere que podemos necesitar ayuda externa que nos permita cambiar nuestras percepciones internas. **Tomar drogas** sugiere que hemos perdido el control de una situación en nuestra vida despierta y que dependemos de estímulos externos. Tener una **reacción adversa** a las drogas podría significar que tememos la locura. La administración de drogas **contra nuestra voluntad** indica que nos vemos obligados a aceptar una verdad desagradable.

DUELO - *ver también Funeral y Llanto* El proceso de duelo es importante en todos los sentidos. No sólo lloramos la muerte, sino también el final de una relación o de una parte concreta de nuestras vidas. Como a veces puede resultar difícil llorar o lamentarse abiertamente en la vida de vigilia, a menudo aparece en sueños como una forma de alivio o liberación.

E: De Eclipse a Extraño

ECLIPSE - *ver también Luna y Planetas* Soñar con un eclipse significa nuestros miedos y dudas sobre nuestro propio éxito. Otros a nuestro alrededor parecen ser más importantes o capaces que nosotros, lo que no nos permite sobresalir en lo que hacemos.

EDUCACIÓN - *ver también Escuela y Profesor* Soñar con un lugar de educación, como una escuela o un colegio, indica que debemos tener en cuenta nuestra propia necesidad de disciplina o acción disciplinada. Tal vez no estemos suficientemente preparados para una tarea que debemos realizar y necesitemos acceder a más conocimientos.

ELECTRICIDAD La electricidad representa a menudo el poder, y dependerá del contexto del sueño qué aspecto del poder se esté destacando. Soñar con **cables eléctricos** es ser consciente de la capacidad del soñador, mientras que soñar con **interruptores** es ser consciente de la capacidad de control.

EMBARAZO Soñar con un embarazo suele denotar que es necesario un periodo de espera bastante prolongado para algo, posiblemente la finalización de un proyecto. Podría estar desarrollándose una nueva área de nuestro potencial o personalidad. Curiosamente, soñar con un embarazo rara vez significa realmente el propio embarazo, aunque puede indicar embarazo en alguien de nuestro entorno.

EMBRIÓN Soñar con un embrión, o un feto, es tomar conciencia de una parte extremadamente vulnerable de nosotros mismos. También podemos estar tomando conciencia de una situación nueva en nuestra vida, que no ha ido más allá de un germen de idea.

EMISIÓN Cuando soñamos con **participar en una emisión** somos conscientes de la necesidad de llegar a un público más amplio. Esto puede ser arriesgado, ya que no disponemos de medios para medir la respuesta de nuestra audiencia. Soñar que **escuchamos una emisión** significa que debemos estar atentos al mensaje que otros intentan transmitir.

EMOCIONES En el marco de un sueño, nuestras emociones pueden ser muy diferentes de las que tenemos en la vida cotidiana. Pueden ser más extremas, por ejemplo, como si por fin nos hubiéramos dado plena libertad de expresión.

EMPAQUETAR - *ver también Guata* Cuando soñamos que hacemos las maletas, como si nos fuéramos de viaje, estamos poniendo de relieve la necesidad de prepararnos cuidadosamente para la siguiente etapa de nuestra vida. Existe la necesidad, o el deseo, de alejarse de ideas y dificultades pasadas. Estar empaquetando un objeto precioso con mucho cuidado, indica que somos conscientes del valor intrínseco para nosotros mismos, o para los demás, de lo que representa ese objeto.

EMPLEO Los sueños sobre empleo a menudo tienen que ver con lo que consideramos que es nuestro trabajo más que con lo que realmente hacemos. Dado que el empleo también puede representar la forma en que otras personas piensan y sienten acerca de nosotros, un sueño de este tipo tenderá a ser acerca de nosotros la evaluación de nuestro propio valor.

EMPUJAR Cuando en un sueño **nos están empujando**, hay una energía a nuestro alrededor que nos permite conseguir lo que queremos. Si **estamos empujando**, normalmente estamos ejerciendo nuestra voluntad de forma positiva. **Empujar algo cuesta arriba**, como un coche o una bola de nieve, sugiere que estamos intentando resistir a las fuerzas naturales.

EN EL EXTRANJERO Soñar con **estar o ir al extranjero** nos da una idea de nuestros sentimientos hacia la ampliación de nuestros horizontes o la realización de cambios en nuestras vidas. Estos sueños también pueden estar relacionados con creencias sobre el país que se sueña. Soñamos con la libertad personal o con la capacidad de movernos libremente por nuestro universo.

ENCOGERSE En sueños, **encogerse** es tener el deseo de volver a la infancia, o a un espacio más pequeño para que nos cuiden. En la vida cotidiana podemos ser conscientes de que nos sentimos pequeños y esto puede traducirse en sueños como encogerse. **Ver que algo –o alguien– se encoge** puede indicar que está perdiendo su poder sobre nosotros.

ENCONTRAR Si soñamos que encontramos algo, por ejemplo un objeto precioso, estamos tomando conciencia de una parte de nosotros mismos que nos es o nos será útil. Estamos haciendo un descubrimiento o una toma de conciencia que, dependiendo del resto de la escena onírica, puede referirse a nosotros o a los demás.

ENFERMEDAD / ENFERMO Sentirse enfermo en un sueño es identificar un mal presentimiento, mientras que estar enfermo es intentar librarse de ese mal presentimiento, situación o relación. A veces soñar con enfermedad puede presagiar una enfermedad real, pero la mayoría de las veces representa la forma en que afrontamos las dificultades de todo tipo en la vida. Puede significar que no nos estamos poniendo en contacto con las partes de nosotros mismos que pueden ayudarnos a superar experiencias y/o recuerdos difíciles.

ENREDADO A veces, cuando estamos confusos en la vida cotidiana, podemos soñar que **un objeto se enreda con otra cosa**. A menudo, la forma en que desenredamos el objeto indica la acción que debemos emprender en los momentos de vigilia.

ENSALADA La mayoría de los alimentos en sueños se relacionan con nuestra necesidad y capacidad de nutrirnos a nosotros mismos y a los demás. puede que nos falte algún tipo de nutriente o estímulo y el estado onírico nos ha alertado de ello.

ENTIERRO Soñar que **nos entierran** indica miedo a ser superados, posiblemente por la responsabilidad, o a reprimir partes de nuestra personalidad de forma perjudicial.

ENTRADA - *ver también Puerta* Una entrada en un sueño representa una nueva experiencia, o área de experiencia, a menudo significando la necesidad de hacer cambios, de crear nuevas oportunidades o quizás de explorar lo desconocido.

EQUILIBRIO Cuando soñamos que intentamos **mantener el equilibrio** o que estamos **equilibrados en una posición difícil**, estamos buscando el equilibrio. Soñar que **buscamos el equilibrio en una cuenta financiera** significa que buscamos algo que, por el momento, permanece desconocido.

EQUIPAJE El equipaje en un sueño puede ser ligeramente diferente al equipaje en el sentido de que el equipaje simbolizará lo que consideramos necesario para seguir adelante. Pueden ser los hábitos y emociones que nos han ayudado en el pasado, pero que ahora pueden ser reevaluados antes de ser "reempaquetados". Llevar equipaje extra en un sueño significa que podemos estar soportando una carga extra, ya sea emocional o real. Es posible que esperemos demasiado de nosotros mismos o de los demás. Cargamos con heridas o traumas del pasado.

ERMITAÑO Soñar con un ermitaño puede representar una especie de soledad que nos impide entablar relaciones de tú a tú.

ESCALAR Soñar con escalar es soñar con alejarse de algo, posiblemente escapar. Podemos estar evitando problemas.

ESCALERA La escalera en sueños sugiere lo seguros que nos sentimos al pasar de una situación a otra. Puede que tengamos que hacer un esfuerzo considerable para alcanzar una meta o aprovechar una oportunidad. A menudo este sueño se produce durante cambios de carrera. **Si los peldaños están rotos** podemos esperar dificultades. **Si es otra persona la que sostiene la escalera**, podría sugerir que otra persona tiene un papel que desempeñar en nuestra progresión.

ESCAPAR Cuando soñamos con escapar estamos intentando superar –o evitar– sentimientos difíciles. Podemos estar intentando huir de la responsabilidad o del deber.

ESCENARIO - *ver también Teatro* Estar en el escenario en un sueño significa hacerse visible. Un escenario **al aire libre** sugiere comunicación con las masas más que con un público selecto. Un **escenario en movimiento** significa la necesidad de mantenerse en movimiento, incluso mientras se representa un papel. Si **formamos parte del público**, debemos ser conscientes del argumento de la obra y de cómo puede afectarnos.

ESCRITORIO - *ver también Mesa* Si el escritorio con el que soñamos es uno viejo, como nuestro **antiguo escritorio de la escuela o uno antiguo**, tal vez deberíamos volver a los viejos valores, hábitos o disciplinas. Si se trata de un **escritorio de trabajo o de oficina**, tal vez debamos reflexionar sobre el modo en que desarrollamos nuestra vida cotidiana.

ESCRITURA Soñar que se escribe es un intento de comunicar información que se tiene. A veces, **el instrumento con el que escribimos es importante**. Por ejemplo, un **lápiz** sugeriría que la información es menos permanente que con un **bolígrafo**, mientras que una **máquina de escribir** o un **procesador de textos** tenderían a sugerir una comunicación empresarial más que personal.

ESCUDO El escudo es un símbolo de protección. Puede aparecer en sueños como **el escudo de un guerrero** o como una barrera entre el soñador y el resto del mundo.

Si **estamos protegiendo a otra persona**, debemos asegurarnos de que nuestras acciones son apropiadas y nos apoyan. Si **nos escudan a nosotros**, debemos tener claro si somos nosotros quienes erigimos el escudo o si lo erigen por nosotros.

ESCUELA - *ver también Educación y Profesor* La escuela es una parte importante de la vida de todos. En situaciones en las que estamos aprendiendo nuevas habilidades o destrezas, la imagen de una escuela aparecerá a menudo en sueños. También es el lugar donde experimentamos asociaciones que no pertenecen a la familia, por lo que puede sugerirnos nuevas formas de aprender sobre las relaciones. La escuela también puede ser el lugar donde aprendemos a ser competitivos y a pertenecer a grupos.

ESPACIO En sueños, cuando somos conscientes del espacio que ocupamos estamos en contacto con nuestro propio potencial. Podemos ser conscientes de que nuestro espacio personal está siendo, o ha sido, penetrado. Estar **"espaciado"** es haber ampliado nuestros límites personales artificialmente mediante el uso de estímulos.

ESPADA - *ver también Arma* La espada en sueños sugiere invariablemente un arma de poder. Podemos tener la capacidad de crear poder y utilizar la energía adecuadamente a través de nuestras creencias.

ESPALDA / COLUMNA - *ver también Cuerpo* Soñar que **vemos la espalda de alguien** sugiere que debemos identificar los elementos más privados de nuestro carácter. También podemos darnos cuenta de que somos vulnerables a lo inesperado. Si soñamos que **damos la espalda a algo**, estamos rechazando el sentimiento concreto que se experimenta en el sueño. Si la columna vertebral es particularmente notable en un sueño, debemos considerar nuestra principal estructura de apoyo.

ESPEJO - *ver también Reflejo* Soñar con un espejo sugiere preocupación por la propia imagen. Nos preocupa lo que los demás piensen de nosotros y necesitamos autoexaminarnos para funcionar correctamente. Puede haber cierta ansiedad por el envejecimiento o la salud.

ESPERAR **Estar esperando a alguien, o algo**, en un sueño implica la necesidad de reconocer una sensación de anticipación. Es posible que estemos esperando que otras personas o circunstancias externas nos ayuden a avanzar o a tomar decisiones. **Si esperamos con impaciencia**, es posible que nuestras expectativas sean demasiado elevadas. **Si esperamos pacientemente**, entendemos que los acontecimientos se producirán a su debido tiempo.

ESPINA Soñar que **nos clavan una espina o una astilla** significa que una pequeña dificultad ha traspasado nuestras defensas. **Si la espina nos saca sangre**, debemos analizar qué está ocurriendo en nuestras vidas que podría hacernos vulnerables.

ESPOSAS Soñar que **llevamos esposas** denota que hemos sido inmovilizados de alguna manera, a menudo por una figura de autoridad.

ESQUELETO Un esqueleto en sueños sugiere los "huesos desnudos" de algo, tal vez una idea o un concepto. Un **esqueleto en un armario** representa una acción pasada o una vergüenza que deseamos ocultar. Un **esqueleto bailando** es la conciencia de la vida que hemos vivido o estamos viviendo. **Desenterrar un esqueleto** es resucitar algo que hemos enterrado.

ESQUINA Doblar una esquina en sueños indica que hemos logrado avanzar hacia nuevas experiencias, a pesar de lo que podían parecer obstáculos ante nosotros. Doblar una esquina **a la derecha** indica un curso de acción lógico, mientras que doblar una **a la izquierda** indica un enfoque más intuitivo.

ESTACIONES Cuando tomamos conciencia de las estaciones del año en sueños, también nos vinculamos con los distintos periodos de nuestra vida (la **primavera** significa la infancia, el **verano** la juventud, el **otoño** la madurez y el **invierno** la vejez).

ESTANTE Un estante en un sueño sugiere la necesidad que tenemos de almacenar algo o de mantenerlo en orden. **Un botellero**, por ejemplo, puede significar que tenemos que prestar mucha atención a nuestra vida social, mientras que **un zapatero** sugiere la necesidad de decidir nuestro mejor método de progreso.

ESTATUA Soñar con una estatua es relacionarse con el lado frío e insensible de la naturaleza humana. Puede que estemos adorando o amando a alguien y no obtengamos ninguna respuesta.

ESTERILIZAR Soñar que esterilizamos algo sugiere una necesidad de limpieza profunda. Deseamos deshacernos de heridas o traumas y estamos dispuestos a esforzarnos para conseguirlo. "Esterilizar" una situación puede significar quitarle emoción.

ESTIÉRCOL Algunas de las experiencias por las que tenemos que pasar pueden ser dolorosas o francamente malsanas. Si no conseguimos comprender lo que nos ha ocurrido y utilizarlo como parte de nuestro proceso de crecimiento, a menudo podemos encontrarnos con que esas experiencias permanecen en nuestro subconsciente y nos causan dificultades más adelante. Estas malas experiencias pueden aparecer como estiércol dentro de un sueño y alertarnos del hecho de que deberíamos descomponer nuestros problemas y hacer un uso positivo de ellos.

ESTRANGULAR Soñar que **se estrangula a alguien** es un intento de sofocar las emociones. Soñar que **nos estrangulan** es ser conscientes de nuestra dificultad para hablar de nuestras emociones.

ESTRECHO Cuando soñamos con algo estrecho, somos conscientes de las restricciones y limitaciones. A veces las hemos creado nosotros mismos, otras veces nos las habrán creado otras personas. **Un camino estrecho** podría sugerir algún tipo de restricción, y una advertencia de que no debemos desviarnos de nuestro camino.

ETIQUETA A menudo soñar con etiquetas está relacionado con la necesidad humana de poner nombre a las cosas. Nuestro sentido de la identidad proviene del nombre que recibimos, y nuestra etiqueta tiene mucho que ver con la forma en que los demás nos ven y nos entienden.

EVAPORACIÓN Ser consciente del agua en un sueño y luego darse cuenta de que se ha evaporado es reconocer la transformación que puede tener lugar una vez que la emoción se trata adecuadamente.

EXÁMENES / SER EXAMINADO Soñar con exámenes o pruebas (sobre todo educativas) suele estar relacionado con la autoevaluación, la autocrítica y la necesidad de alcanzar grandes logros. Es posible que permitamos que otros establezcan por nosotros nuestras normas de moralidad y éxito. **Ser examinados por un médico** puede alertarnos sobre la necesidad de vigilar nuestra salud. Un **examen de conducir** puede sugerir una prueba de confianza o habilidad. Mientras que un **examen escrito** puede significar una prueba de conocimientos.

EXCAVAR / EXCAVACIÓN - *ver también Mina* A menudo, cuando iniciamos el proceso de aprendizaje sobre nosotros mismos, necesitamos descubrir las partes que hemos mantenido ocultas, y esto se muestra en sueños como excavar un agujero o desenterrar un objeto.

EXPLOSIÓN NUCLEAR Soñar con una explosión nuclear puede poner de manifiesto nuestra ansiedad ante un gran cambio en nuestras vidas. Aún no sabemos qué efecto puede tener ese cambio. Sin embargo, sabemos que debemos emprender un cambio radical.

EXPLOSIÓN Una explosión en sueños suele indicar una liberación de energía de forma contundente que nos permitirá realizar cambios en nuestra forma de expresarnos. Por lo general, la emoción que subyace a la explosión se considerará negativa y puede que la hayamos reprimido durante algún tiempo.

EXTENDER LA MANO Extender la mano en sueños significa que deseamos algo que no tenemos. Puede ser emocional o material. Es posible que intentemos manipular las circunstancias para que los demás se den cuenta de nuestras necesidades.

EXTRAÑO Las imágenes de los sueños suelen ser extrañas en el sentido de que alguien puede estar haciendo algo muy raro, o algo puede tener un aspecto extraño o grotesco. Esto se debe a que es importante que recordemos la imagen.

F: De Fama a Futuro

FAMA Soñar con **ser famoso o con alcanzar la fama** en un campo determinado significa que necesitamos reconocer y valorar nuestras capacidades. En la vida despierta podemos ser relativamente tímidos, pero en sueños a menudo conseguimos cosas de las que no nos creeríamos capaces.

FAMILIA La familia es la primera imagen básica de seguridad que tiene un niño. A menudo, por circunstancias ajenas a la voluntad de ese niño, esa imagen se distorsiona, y los sueños intentarán corregir esa imagen o confirmarán la distorsión. Así, podemos soñar con una **discusión con un miembro de la familia**, pero la interpretación dependerá tanto de las circunstancias del sueño como de nuestra relación cotidiana con esa persona.

FANTASMA Soñar con un fantasma nos vincula a viejos hábitos o a esperanzas y anhelos enterrados. Hay algo insustancial en ellos, posiblemente porque no les hemos dedicado suficiente energía.

FARO En sueños, un faro suele advertirnos de dificultades emocionales. **Si estamos en tierra**, nos advierte de dificultades que se avecinan, probablemente debidas a nuestras propias emociones. **Si estamos en el mar**, debemos tener cuidado de no crearnos malentendidos ignorando los problemas.

FATIGA Sentir fatiga en un sueño puede indicar que deberíamos ocuparnos de cuestiones de salud, o que no estamos utilizando nuestras energías de forma adecuada.

FECHA Cuando una fecha del calendario aparece destacada en un sueño, se nos está recordando algo especialmente significativo –o posiblemente traumático– en nuestras vidas, o se nos está pidiendo que consideremos el simbolismo potencial de los números contenidos en la propia fecha.

FERIA Soñar que **estamos en una feria** puede representar una reconexión con nuestro lado infantil y desenfadado. Podemos permitirnos ser menos inhibidos en público. **Asistir a una feria** o fiesta significa que podemos dejar de lado cualquier restricción o freno que nos impongamos a nosotros mismos o a los demás.

FERMENTACIÓN Soñar con el proceso de fermentación indica que se están produciendo acontecimientos en segundo plano que debemos esperar a que se desarrollen.

FERROCARRIL - *ver también Viaje* Un ferrocarril en sueños significa el camino que deseamos seguir en la vida. **Una sola vía** sugiere que sólo hay un camino a seguir, mientras que **una vía múltiple** sugiere más oportunidades.

FERRY Soñar que **estamos en un ferry** indica que estamos realizando algún movimiento hacia el cambio. Dado que el ferry transporta un gran número de personas, también puede representar a un grupo al que pertenecemos que necesita cambiar su forma de trabajar y asumir la responsabilidad de moverse como grupo y no como individuos.

FIESTA Cuando en sueños nos damos cuenta de que asistimos a una fiesta, a menudo se nos alerta sobre nuestras habilidades sociales, o sobre la falta de ellas. En la vida despierta podemos ser tímidos y no gustarnos este tipo de reuniones, pero en sueños si nos desenvolvemos bien en los grupos implicados y tenemos una mayor conciencia de nuestra propia pertenencia.

FINAL Soñar que algo tiene un final significa que se ha alcanzado una meta o que se ha llegado a un punto en el que las cosas deben cambiar inevitablemente. Debemos decidir qué es lo que más valoramos y, por tanto, qué podemos dejar atrás y qué debemos llevar adelante.

FIRMA Nuestra firma en sueños sugiere que nos apreciamos a nosotros mismos. Estamos dispuestos a reconocer quiénes somos y a dejar nuestra huella en el mundo.

FLAUTA - *ver también Instrumentos musicales* Muchos instrumentos musicales, sobre todo los de viento, indican emociones extremas, seducción y adulación. Por su forma, la flauta suele considerarse un símbolo de virilidad masculina, pero también puede representar angustia.

FLECHA - *ver también Armas* Si soñamos que **disparamos flechas**, somos conscientes de las consecuencias de acciones, propias o ajenas, que no se pueden recordar ni revocar. Curiosamente, las flechas también pueden simbolizar palabras en sueños.

FLORES Las flores en sueños suelen darnos la oportunidad de vincularnos a sentimientos de placer y belleza. Somos conscientes de que algo nuevo, tal vez un sentimiento o una capacidad, está empezando a nacer y de que lo que estamos haciendo es algo fresco. **Recibir un ramo de flores** significa que se nos recompensa por una acción; el color de las flores puede ser importante (*véase Colores*). En el folclore, cada flor tenía un significado en sueños: Amapola Símbolo del sacrificio (como la amapola del recuerdo) o de la ociosidad y el olvido (como la amapola del opio).

Anémona Falta de confianza en alguien conocido.

Cala Matrimonio infeliz o muerte de una relación.

Caléndula Posibles dificultades en los negocios.

Campanilla de invierno Necesidad de confiar en alguien en lugar de ocultar los problemas.

Clavel Una relación amorosa apasionada.

Geranio Una pelea reciente no es tan grave como creías.

Iris Buenas noticias por llegar.

Jacinto Argumentación.

La flor del azafrán Oscuridad y falta de confianza.

Madreselva Las peleas domésticas te disgustarán.

Margarita Inocencia y pureza.

Mirto Paz, tranquilidad, felicidad, alegría y constancia.

Muérdago Tiempo de fiesta, amor, pareja y necesidad de constancia.

Narciso Injusticia y reconciliación. No confundir la sombra con la sustancia.

Nomeolvides Puede que un compañero en tu vida no sea capaz de darte lo que lo que necesitas.

Peonía El exceso de autocontrol puede causarle angustia.

Primaveras Encontrarás la felicidad en una nueva amistad.

Ranúnculos Aumento de los negocios.

Rosa El amor, y tal vez una boda, pronto.

Tilo/Linden Gracia femenina.

Trébol Buena fortuna o alguien que necesita financiación puede intentar ponerse en contacto.

Violeta Matrimonio con alguien más joven.

FLOTAR Freud consideraba que flotar en sueños estaba relacionado con la sexualidad, pero es probable que tenga mucho más que ver con la necesidad inherente de libertad. Por lo general, nos abrimos a un poder que va más allá de nuestro yo consciente; cuando nos dejamos llevar aparentemente más allá de nuestra propia voluntad. Nos encontramos en un estado de relajación extrema y nos dejamos llevar por los acontecimientos.

FONTANERÍA Soñar con fontanería se refiere a la forma en que dirigimos nuestras emociones. Indica cómo hacemos uso de nuestras emociones para sortear obstáculos con el fin de crearnos seguridad y controlar el flujo de emociones en nuestro interior. Otra interpretación es la de la fontanería interna. A menudo, soñar con cañerías en este sentido nos alerta de algo que tal vez esté mal dentro de nuestro cuerpo.

FORAJIDO Inherente a la figura del forajido es alguien que ha ido en contra de las leyes de la sociedad. Por lo tanto, en sueños, esa parte de nosotros mismos que siente que está más allá de la ley aparecerá como el forajido. **Disparar al forajido** es intentar controlar nuestros impulsos más salvajes.

FORJA Cuando la forja y el herrero formaban parte de la vida normal y cotidiana, este sueño en particular indicaba algún aspecto de trabajo duro o el deseo de alcanzar una meta. Ahora es más probable que signifique una acción ritual.

FORMAS El número de lados que tienen las formas en sueños será significativo, al igual que los colores (*ver Colores*). En una determinada fase de desarrollo, comienzan a aparecer en sueños las formas geométricas que darán al individuo una mayor comprensión del mundo abstracto. Es como si la antigua percepción de la forma comenzara a adquirir un nuevo significado y una nueva interpretación.

FOSO Un foso es una representación de nuestras defensas contra la intimidad. En sueños podemos ver por nosotros mismos cómo construimos o cavamos esos recintos. También podemos decidir qué pasos debemos dar para eliminarlos.

FOTOGRAFÍAS Cuando soñamos que **miramos fotografías**, a menudo estamos mirando un aspecto de nosotros mismos, tal vez nuestro yo más joven o una parte de nosotros mismos que ya no nos parece especialmente válida. **Recibir una fotografía de uno mismo** indicaría que necesitamos adoptar una visión objetiva de las situaciones que nos rodean o quizás de nosotros mismos dentro de esa situación. Tenemos que dar un paso atrás y ver con claridad lo que ocurre.

FRACASO El fracaso en un sueño puede no ser necesariamente personal. El fracaso personal puede indicar cierto grado de competitividad o puede ofrecer alternativas en la forma en que debemos actuar.

FRAUDE Cuando el fraude aparece en un sueño, sobre todo si el soñador está **siendo estafado**, existe la posibilidad de ser demasiado confiado con la gente. Si el soñador es quien **comete el fraude**, corre el riesgo de perder a un buen amigo.

FRIGORÍFICO El frigorífico es un símbolo de conservación. En sueños se convierte en autoconservación y sugiere que podemos estar enfriándonos emocional o sexualmente. Soñar con **comida podrida en un frigorífico** sugiere que no nos sentimos bien atendidos por quienes nos rodean.

FRÍO Ser consciente del frío en un sueño es ser consciente de sentirse desatendido, o de quedar al margen de las cosas.

FRUTA - *ver también Comida* Soñar con fruta, sobre todo en un cuenco, indica muy a menudo la culminación de acciones que hemos llevado a cabo en el pasado. Hemos podido "cosechar" el pasado y empezar de nuevo.

FUEGO El fuego en sueños puede sugerir pasión y deseo en su sentido más positivo, y frustración, ira, resentimiento y destructividad en su sentido más negativo. La interpretación exacta dependerá de si el fuego está **controlado** o no. Ser más consciente de la **llama** del fuego sería ser consciente de la energía y la fuerza que se está creando. Ser consciente del **calor** de un fuego es ser consciente de los fuertes sentimientos de otra persona. Estar **encendiendo o cuidando** un fuego indica la necesidad de limpiar algún aspecto de nuestras vidas.

FUEGOS ARTIFICIALES Los fuegos artificiales suelen considerarse propios de una ocasión feliz o una celebración, aunque también pueden asustar. Cuando soñamos con fuegos artificiales esperamos poder celebrar la buena fortuna, aunque puede haber una emoción secundaria asociada a esa celebración.

FUENTE Soñar con una fuente significa que somos conscientes del proceso de la vida y del "flujo" de nuestra propia conciencia. Debido a su conexión con el agua (*ver Agua*), también representa la oleada de nuestras emociones y, a menudo, nuestra capacidad para expresarlas. La fuente también puede representar un elemento de juego en nuestras vidas y la necesidad de fluir libremente y sin problemas.

FUGA - *ver también Agua* Soñar con una fuga sugiere que estamos malgastando o perdiendo energía de alguna manera. Si se trata de una **fuga lenta**, tal vez no seamos conscientes del drenaje de nuestras energías. Si se trata de una **fuga a borbotones**, debemos intentar "repararla", tal vez actuando de forma más responsable.

FUGARSE Soñar con fugarse, sobre todo **con alguien conocido**, es intentar escapar de una situación que a la larga podría ser dolorosa. Hay que mantener un equilibrio entre la necesidad de seguridad afectiva y material.

FUNDIR - **Ver que algo se funde** en un sueño es una indicación de que nuestras emociones pueden estar suavizándose. Tal vez estemos perdiendo la rigidez con la que antes nos enfrentábamos al mundo. Estamos experimentando un cambio y nos estamos ablandando.

FUNERAL - *ver también Duelo* Soñar que **asistimos a un funeral** indica que debemos aceptar nuestros sentimientos hacia la muerte. Puede que no se trate necesariamente de nuestra propia muerte, sino de la muerte de otras personas. También puede indicar un tiempo de luto por algo que ha sucedido en el pasado y este tiempo de luto puede permitirnos avanzar hacia el futuro. Soñar con **nuestro propio funeral** puede indicar un deseo de simpatía. También puede indicar que una parte de nosotros ha muerto y tenemos que dejarla marchar.

FUTURO Si en un sueño somos conscientes de que los acontecimientos tendrán lugar en el futuro, suelen estar relacionados con acciones que debemos emprender en la vida de vigilia. También podemos tener sueños precognitivos, que es cuando soñamos con acontecimientos antes de que tengan lugar en la vida despierta, y luego reconocemos que ya "lo sabíamos". La teoría es que el pasado, el presente y el futuro coexisten, por así decirlo, y que es posible "leer" estos registros en el estado de sueño. Nuestra experiencia de ellos es subjetiva, aunque nos encontremos en la posición de observadores.

G: De Gafas a Gusto

GAFAS - *ver también Máscara* Las gafas pueden utilizarse tanto para tapar los ojos (que a menudo se cree que son la sede del alma), como para permitirnos ver mejor. En la mayoría de las circunstancias, soñar con ellas es señal de lo segundo (mirar y ver con más claridad), pero a veces pueden indicar que necesitamos más protección en la vida de vigilia. Que unas gafas destaquen en un sueño indica una relación con nuestra capacidad de ver o de comprender. Del mismo modo, si **alguien lleva gafas de forma inesperada**, tiene que ver con nuestra falta de comprensión o quizás con su incapacidad para ver de dónde venimos.

GANCHO Cuando soñamos con un gancho generalmente estamos entendiendo que tenemos la capacidad de atraer hacia nosotros cosas que son buenas o malas. También puede indicar que estamos siendo enganchados por alguien, y por lo tanto no se nos permite la libertad a la que sentimos que tenemos derecho.

GASOLINA La gasolina es una forma de energía y en sueños se reconoce como una necesidad que podemos tener para mantenernos en marcha. Por ejemplo, **poner gasolina en un vehículo** indicaría que quizá necesitemos cuidar más de nuestro cuerpo. La gasolina también es explosiva y peligrosa, por lo que **utilizar gasolina de forma peligrosa** indicaría que nos estamos creando problemas en una situación de la vida cotidiana.

GEMELOS En sueños los gemelos pueden, **si los conocemos**, ser simplemente ellos mismos. **Si no los conocemos**, pueden representar las dos caras de una misma idea.

GIGANTE Soñar con gigantes puede significar que estamos aceptando algunos de los sentimientos reprimidos que teníamos sobre los adultos cuando éramos niños. Pueden habernos parecido más grandes que la vida o aterradores de alguna manera.

GLOBO Muy a menudo, lo importante en nuestros sueños es el color de los globos (*ver Color*). Sin embargo, también pueden indicar ganas de fiesta o de sexo.

GLOBO TERRÁQUEO Soñar que se mira un globo terráqueo o el mundo más allá de nuestra esfera, sugiere la necesidad de un punto de vista más amplio sobre una situación particular.

GOL Soñar que **marcamos un gol** puede indicar que nos hemos fijado objetivos externos. Al alcanzar esos objetivos, también podemos darnos cuenta de que es posible que necesitemos ajustar de algún modo las metas que nos hemos fijado. **Fallar un gol** indica que no hemos tenido en cuenta todas las circunstancias de una situación y que, tal vez, debamos reevaluar nuestra capacidad de logro.

GONG Oír el sonido de un gong en sueños significa ser consciente de que se ha alcanzado algún límite o, a la inversa, que se ha dado permiso para seguir actuando. **Golpear el gong** puede representar la necesidad de fuerza y la necesidad de ser capaz de alcanzar una determinada calidad de sonido o información en una situación de vigilia.

GORDO Soñar que se está gordo alerta al soñador sobre las defensas utilizadas contra la insuficiencia. Igualmente, podemos ser conscientes del lado sensual y divertido de nosotros mismos que no hemos estado expresando.

GORRA La gorra tiene el mismo significado que el sombrero en sueños y llama la atención sobre el estatus o los poderes espirituales. Si en sueños **llevamos una gorra**, puede que estemos ocultando nuestras capacidades creativas.

GRAMÁTICA Cuando tomamos conciencia de la gramática en sueños nos damos cuenta de nuestra propia dificultad o la de los demás para comunicarnos.

GRANIZO en sueños, por ser agua congelada (*ver Hielo*), significa la congelación de nuestras emociones. Parecería que el peligro y el daño creados por estas emociones congeladas proceden de influencias externas más que de sentimientos internos.

GRANJA - *ver también Animales* Estar en una granja en sueños (si no se trata de un recuerdo) nos muestra en contacto con nuestro lado más realista. Hay muchas facetas del comportamiento que pueden interpretarse en términos animales y a menudo este tipo de sueño tiene más impacto que uno que incluya personas.

GRANO Estar demasiado pendiente de algo como un grano en un sueño sugiere cierta preocupación por la imagen que uno da a los demás. Un grano también puede representar algún tipo de mancha en nuestro carácter, que en algún momento habrá que tratar.

GRANO Soñar con granos, como trigo, avena, cebada, etc., puede indicar una especie de cosecha, en la que las oportunidades que hemos creado para nosotros mismos pueden ahora llegar a buen puerto. Siempre que cuidemos el resultado de estas oportunidades, podremos llevar ese éxito adelante y crear aún más abundancia.

GRASA La grasa en un sueño nos hace conscientes de que quizás no hemos tenido tanto cuidado en una situación como deberíamos. Hemos creado circunstancias que no nos dan ventaja y podrían ser "resbaladizas" o incómodas.

GRAVA A menudo nos llama la atención el tamaño de los objetos de un sueño. La grava en este contexto es simplemente una indicación de pequeñas partículas. Un sueño de este tipo también puede traernos recuerdos de una época o un lugar determinados, y recordarnos tiempos más felices, como los de la infancia.

GRIAL El Santo Grial es una imagen tan básica que en sueños puede aparecer como algo milagroso, algo que cumple nuestro deseo y nos permite avanzar hacia nuestro pleno potencial. A menudo representa la consecución del éxito espiritual, pero también puede representar la copa de la felicidad. La aparición del grial en un sueño indicaría que podemos esperar que se produzca algún tipo de satisfacción y cambio en nuestras vidas.

GRIETA Soñar con algo que está agrietado indica que reconocemos que hay algo defectuoso en nuestra vida. Puede haber una debilidad o dificultad en las actitudes y defensas que utilizamos para afrontar los problemas de la vida.

GRÚA Cuando soñamos con una **grúa de construcción** a menudo se nos está indicando la necesidad de elevar nuestro nivel de conciencia en algún asunto. Necesitamos hacer un intento por comprender las implicaciones globales o universales de nuestras acciones.

GUADAÑA / HOZ - *ver también Armas* Como instrumento cortante, soñar con una guadaña puede sugerir la necesidad de recortar acciones o creencias no esenciales para alcanzar un fin deseado. El antiguo símbolo de la hoz, o guadaña, también representa la mortalidad y la muerte, aunque cuando aparece en sueños rara vez es señal de una muerte física, sino más bien de la muerte de una parte de nosotros mismos.

GUANTES Como el guante solía formar parte de la etiqueta social, representaba el honor y la pureza. Ahora, ver guantes en un sueño suele representar alguna forma en la que ocultamos nuestras habilidades a las personas que nos rodean. **Quitarse el guante** significa respeto y un acto de sinceridad. Soñar con **guantes de boxeo** podría indicar que nos estamos esforzando demasiado por tener éxito en una situación en la que hay agresividad.

GUARDARROPA Un guardarropa puede sugerir a menudo un período de transición. Pero como alberga nuestra ropa, también sugiere cómo tratamos la imagen que tenemos de nosotros mismos.

GUARDIÁN Un guardián en sueños suele ser una manifestación de la parte de nuestra personalidad que actúa como vigilante o que intenta suprimir otras partes de nuestra personalidad.

GUATA En sueños, nuestra necesidad de seguridad puede hacerse más patente de lo que permitimos que sea en la vida ordinaria y cotidiana. Dado que la guata es normalmente un material protector, puede que necesitemos tomar conciencia de que debemos actuar para **protegernos** en lugar de **defendernos**.

GUERRA En sueños, la guerra siempre denota conflicto, lo que sugiere que debemos ser más conscientes del efecto que nuestras acciones tendrán en los demás.

GUILLOTINA Una guillotina en sueños indica algo irracional en nuestra personalidad. Podemos tener miedo de perder el autocontrol, o de que nos amputen una parte de nuestra personalidad. Podríamos ser conscientes de una lesión a nuestra persona o a nuestra dignidad.

GUIRNALDA Según el tipo de guirnalda en el sueño estamos reconociendo alguna distinción u honor para nosotros mismos. Si **llevamos la guirnalda**, como una **guirnalda de flores hawaianas**, estamos buscando la forma de hacernos felices. Buscamos dedicación y alguna forma de distinguirnos de los demás.

GUITARRA La música de guitarra en un sueño puede presagiar la posibilidad de un nuevo romance, pero también puede indicar la necesidad de ser precavido. **Si el soñador está tocando la guitarra**, está intentando ser más creativo.

GUSANO En su interpretación más básica, el gusano puede sugerir el pene. Dependiendo de la actitud del soñador hacia la sexualidad y el género, puede haber una sensación de amenaza.

GUSTO Cuando algo no es de nuestro gusto en sueños, no se ajusta a nuestros ideales y normas. **Tener mal gusto** sugiere que lo que comemos no nos nutre.

H: De Hablar a Hundirse

HABLAR Ser consciente de que la **gente habla** en un sueño nos da la sensación de estar en contacto con nuestra propia capacidad de comunicación. Somos capaces de expresar con claridad lo que sentimos y pensamos, mientras que en la vida despierta puede que no nos sintamos seguros.

HACHA - *ver también Armas* Cuando soñamos con un hacha, debemos distinguir si se **utiliza contra nosotros** o si la **utilizamos nosotros**. Si se utiliza contra nosotros, nos sentimos amenazados por el poder superior de alguien, mientras que utilizar un hacha indica que necesitamos tomar conciencia de las fuerzas destructivas que llevamos dentro.

HADAS Puesto que las hadas son representaciones de las fuerzas elementales, su aparición en sueños significa nuestra conexión con esas fuerzas en nuestro interior. Puede ser que se resalte el lado más ligero de nuestra naturaleza, o puede ser el lado más maligno como en los duendes y los elfos.

HAMBRE Experimentar hambre en un sueño indica que nuestras necesidades físicas, emocionales o mentales no están siendo satisfechas adecuadamente.

HEBILLA Soñar con una **hebilla ornamentada** tiene el mismo simbolismo que el cinturón, ya que puede representar el desempeño de un alto cargo o estatus. También puede indicar honor y ser un símbolo de lealtad o pertenencia.

HELADO **Comer helado** indica que estamos aceptando el placer en nuestras vidas de una forma que no habíamos podido hacer antes. **Regalar helados** a otras personas indica que les estamos dando placer.

HÉLICE Una hélice en un sueño reconoce el impulso y la intención que hay detrás de nuestra progresión. Reconociendo nuestras necesidades, también necesitamos comprender cómo avanzar. La acción de una hélice es darnos "elevación", lo que sugiere ser capaces de utilizar el intelecto.

HENO En tiempos pasados, para muchos el campo de heno representaba diversión, relajación e irresponsabilidad. Hoy en día es más probable que represente irritación –como en la fiebre del heno– y una cualidad desconocida. Soñar con heno es probablemente estar contemplando un aspecto práctico dentro de nosotros mismos, como la capacidad de proporcionar cobijo y sustento a los demás.

HERIDA - *ver también Arma* Cualquier herida o traumatismo en sueños significa sentimientos o emociones heridos. Si **somos nosotros los que causamos las heridas**, se pone de manifiesto nuestra propia agresividad y desconfianza. **Si las heridas nos las infligen a nosotros**, puede que nos estemos convirtiendo en la víctima.

HERMANDAD Soñar con **pertenecer a una hermandad** indica nuestra necesidad de pertenecer a un grupo de personas afines.

HERRADURA La herradura se considera un símbolo de la suerte. Tradicionalmente, si se **gira hacia arriba**, representa la luna y la protección contra todos los aspectos del mal. Y si se **gira hacia abajo**, se dice que el poder se "escurre" y da mala suerte. Soñar con una herradura también puede indicar que pronto se celebrará una boda en la familia o grupo de amigos.

HERRAMIENTAS Las herramientas en sueños sugieren las herramientas prácticas que tenemos a nuestra disposición para mejorar nuestro estilo de vida.

HIEDRA Soñar con hiedra remite a la antigua idea de fiesta y diversión. También puede simbolizar la dependencia que puede surgir en las relaciones.

HIELO Cuando soñamos con hielo solemos estar observando las emociones. Somos conscientes de que quizás somos más fríos de lo que deberíamos, cerrándonos a cualquier muestra de calidez y compasión. Nos encerramos así en una situación de la que puede resultar difícil liberarnos.

HIERBA La hierba es a menudo un símbolo de nuevo crecimiento y de victoria sobre la esterilidad.

HIERRO Cuando el metal hierro aparece en sueños, suele representar nuestra fuerza y determinación. También puede significar la rigidez de nuestras emociones o creencias, por lo que deberíamos plantearnos ser más flexibles.

HIGO O HIGUERA A menudo, por su forma, el higo se asocia con la sexualidad, la fertilidad, la masculinidad y la prosperidad. Soñar que se **comen higos** puede significar que es necesario celebrar algo o que una situación tiene más potencial del que se pensaba en un principio.

HILO El hilo en sueños representa una línea de pensamiento o investigación que tal vez debamos seguir hasta el final. **Enhebrar una aguja** tiene una evidente referencia sexual. También puede sugerir, debido a la dificultad percibida para enhebrar una aguja, incompetencia en otros aspectos que no sean sexuales. El hilo, en el sentido de tejer hilos o cordeles, suele significar nuestra capacidad para crear orden a partir del caos. Antiguamente hilar era un símbolo arquetípico de la vida, y a menudo es esta imagen la que se representa en los sueños. Forjamos nuestra vida a partir de lo que se nos da.

HISTÓRICO Tener un sueño ambientado en el pasado –como en la época isabelina o victoriana– es vincularse con la persona que fuimos en algún momento anterior de nuestra vida y quizá con creencias y modos de vida anticuados.

HOGAR El ser humano tiene ciertas necesidades básicas como cobijo, calor y alimento. El hogar, y en particular el hogar paterno, puede representar todas estas cosas. Soñar que estamos en casa significa volver a las normas básicas que aprendimos de niños.

HOGAR / CHIMENEA Soñar con un hogar o una chimenea es reconocer la necesidad de seguridad, tanto sabiendo que el hogar, nuestro lugar de existencia, es seguro, como reconociendo la seguridad del yo interior, lo femenino interior, que da calor y estabilidad.

HOJA / HOJAS Una hoja representa muy a menudo un periodo de crecimiento y también puede indicar tiempo. Las **hojas verdes** pueden sugerir esperanza y nuevas oportunidades, o la primavera. Las **hojas muertas** significan un periodo de tristeza, esterilidad u otoño (***ver Otoño***).

HORNO - ***ver también Panadero*** Un horno representa la capacidad humana de transformar ingredientes crudos en algo apetecible. En sueños, por tanto, puede sugerir la capacidad de transformar rasgos de carácter y comportamiento de algo tosco a lo más refinado.

HOSPITAL - *ver también Operación* Dependiendo de nuestra actitud hacia los hospitales, cuando aparece uno en sueños puede representar un lugar seguro o un lugar en el que uno es muy vulnerable. Tomado como un **lugar de curación**, representa el aspecto dentro de nosotros mismos que sabe cuándo necesitamos dejarnos cuidar y nutrir. Si los **hospitales nos resultan amenazadores**, puede ser una señal de que tenemos que "dejarnos llevar", ponernos a merced de los demás y permitir que las cosas sucedan por nosotros, para que una situación pueda mejorar.

HOSTILIDAD Cuando **experimentamos hostilidad** en nuestro interior en un sueño, es la expresión directa de ese sentimiento. Sin embargo, **si alguien se muestra hostil** hacia nosotros, muy a menudo significa que debemos ser conscientes de que no estamos actuando adecuadamente, de que los demás pueden sentir que les estamos poniendo en peligro.

HOTEL Soñar que estamos en un hotel, o en una pensión, puede significar que no nos sentimos seguros en nuestra situación actual y que tal vez necesitemos escapar de ella durante un breve periodo de tiempo. A la inversa, también puede significar que una situación en la que nos encontramos sólo durará un tiempo limitado.

HUELLAS Ver huellas en un sueño indica que debemos seguir a alguien o su forma de ser. Si las huellas **se extienden delante de nosotros**, hay ayuda disponible para nosotros en el futuro, pero si **están detrás de nosotros** entonces tal vez necesitemos analizar la forma en que hemos hecho las cosas en el pasado. Suelen indicar ayuda de un modo u otro.

HUÉRFANO Soñar con un huérfano indica que podemos sentirnos vulnerables y posiblemente abandonados y poco queridos. Si **estamos cuidando a un huérfano**, estamos intentando sanar esa parte de nosotros que no se siente querida. Si **nos sentimos huérfanos**, puede indicar que necesitamos ser más independientes y autosuficientes.

HUERTO En sueños, un huerto puede representar nuestros intentos de cuidarnos. Dependerá de si los árboles muestran flores o frutos. **Si muestran flores**,

representarán el potencial de éxito que tenemos; **si muestran frutos**, nos tranquilizan en cuanto a la cosecha que podemos recoger.

HUESOS La aparición de huesos en un sueño suele indicar que necesitamos "volver a lo básico". Soñar que un **perro se come un hueso** significa que debemos tener en cuenta nuestros instintos básicos. Soñar que **encontramos huesos** indica que hay algo esencial que no hemos tenido en cuenta en una situación.

HUEVO El huevo es el símbolo del potencial no realizado, de las posibilidades aún por venir. Por ello, **soñar con un huevo** indica que no hemos tomado plena consciencia de nuestras capacidades naturales. **Estar comiendo un huevo** muestra la necesidad de asimilar ciertos aspectos de lo nuevo antes de poder explorar plenamente un modo de vida diferente.

HUMO / FUMAR - *ver también Fuego* El humo en sueños sugiere que hay una sensación de peligro alrededor, especialmente si no podemos localizar el fuego. **Si fumamos**, estamos intentando controlar la ansiedad. Si fumamos en la vida real, pero reconocemos en sueños que ya no lo hacemos, hemos superado una dificultad. Si los fumadores dejan de fumar en la vida cotidiana, es probable que tengan muchos sueños centrados en el tema del tabaco.

HUNDIRSE **Hundirse** en un sueño sugiere una pérdida de confianza. Puede que estemos desesperados por algo que hemos hecho y nos sintamos obstaculizados por las circunstancias. Ver a **otra persona hundiéndose** sugiere que somos conscientes de una dificultad que tal vez requiera nuestra atención. Podemos sentir que estamos perdiendo terreno en una relación o situación. Lo que nos hunde puede ser importante. **Hundirse en el agua** sugiere que una emoción concreta amenaza con envolvernos. **Hundirnos en un pantano** indica que sentimos que no hay terreno seguro para nosotros.

I: De Iglesia a Isla

IGLESIA - *ver también Imágenes religiosas y Templo* En sueños, una iglesia suele representar un lugar de santuario, sobre todo en el sentido de que podemos tener una creencia compartida con otras personas. Puede tratarse tanto de un código moral compartido como de un código de comportamiento personal. Una iglesia, o los edificios de una iglesia, también pueden representar nuestros sentimientos hacia la religión organizada.

IGLÚ Un iglú en sueños es sinónimo de plenitud y santuario, pero también representa un exterior frío con un interior cálido.

IMAGENES RELIGIOSAS Las imágenes religiosas que aparecen en los sueños nos presentan –o más bien nos reintroducen– verdades que conocemos desde hace mucho tiempo. Si entendemos la espiritualidad como una verdad interior y la religión como aquello que nos devuelve a la fuente, entonces debe ser cierto que las imágenes religiosas contribuyen en parte a esa función de reconocimiento. El uso de imágenes que no pueden interpretarse con éxito de ninguna otra manera refuerza la idea de que la espiritualidad es algo separado en nosotros. Como las imágenes son tan específicas, pueden resultar sorprendentes.

IMÁN Todos tenemos en nuestro interior la capacidad de atraer o repeler a los demás, y a menudo la aparición de un imán en un sueño pone de relieve esa capacidad. Dado que el imán es inerte en sí mismo, lo importante es su poder. A menudo tenemos que darnos cuenta de que la influencia que ejercemos sobre los demás no sólo proviene de nosotros mismos, sino también de nuestra interacción con ellos.

IMITACIÓN Soñar que **nos imitan** es ambivalente. Puede significar que somos conscientes de que lo que hemos hecho es lo correcto y que otras personas pueden aprender de nuestro ejemplo. También puede significar que otras personas nos están viendo como líderes, cuando nosotros mismos no sentimos necesariamente que sea el papel correcto para nosotros.

IMPUESTO En sueños, tener que **pagar un impuesto** sugiere algún tipo de penalización por vivir del modo que elegimos vivir.

INAUGURACIÓN Soñar que nos están dando el honor de ser inaugurados en algo significa que podemos recibir elogios del público por algo que hemos hecho.

INCLINACIÓN Puesto que inclinarse es indicativo de conceder estatus a otra persona, **inclinarse ante alguien** en un sueño indicaría nuestro sentimiento de inferioridad. **Percibir una reverencia**, como la de Cupido, en un sueño puede indicar la necesidad de ser amado, la unión de lo masculino y lo femenino.

INDIGESTIÓN **Sufrir indigestión** en un sueño indica que hay algo en nuestra vida que no se tolera muy bien. Igualmente, puede indicar que realmente sufrimos una indigestión.

INFECCIÓN Soñar que tenemos una infección sugiere que existe la posibilidad de que hayamos interiorizado actitudes negativas de otras personas. Dependiendo de la parte del cuerpo en la que aparezca la infección, hay información sobre el tipo de "infección". Por ejemplo, una **infección en la pierna** puede indicar que sentimos que se nos impide avanzar con suficiente rapidez en la vida de vigilia.

INGENIERÍA Soñar con ingeniería es conectar con nuestra capacidad para construir algo que nos permita avanzar o nos facilite la vida. Soñar con obras de ingeniería –como **obras en la carretera**– es reconocer la necesidad de algún ajuste en parte de nuestra vida.

INGRESOS Los ingresos que obtenemos son una parte importante de nuestra estructura de apoyo, por lo que cualquier sueño relacionado con esto tenderá a significar nuestra actitud hacia nuestros deseos y necesidades. Soñar con un **aumento de los ingresos** significa que hemos superado un obstáculo y que podemos aceptar que tenemos valor. Una **disminución de los ingresos** significa que estamos necesitados y, tal vez, que somos pobres.

INMERSIÓN Soñar que nos **sumergimos** en el agua indica generalmente que intentamos encontrar la parte más inocente de nosotros mismos que no necesita verse afectada por circunstancias externas y que intentamos limpiarnos, tal vez de ideas y actitudes que nos han sugerido otras personas.

INMOVILIDAD / PARÁLISIS Cuando se experimenta inmovilidad, o parálisis, en un sueño, es probable que estemos experimentando un gran temor o supresión. Suele indicar que el soñador necesita, literalmente, quedarse quieto dentro de su vida cotidiana ordinaria para alcanzar una especie de quietud que, aunque al principio le asuste, pronto se convertirá en un estado de paz y tranquilidad.

INQUILINO Soñar con **ser un inquilino** sugiere que, en cierto nivel, no queremos asumir la responsabilidad de la forma en que elegimos vivir. No queremos cargar con la responsabilidad total de nuestro espacio vital. **Tener un inquilino** significa que estamos dispuestos a que alguien viva en nuestro espacio. Éste puede ser el tipo de sueño que se produce cuando nos preparamos para iniciar una relación a tiempo completo.

INSCRIPCIÓN Cualquier inscripción en un sueño es información que necesitará ser comprendida. **Leer una inscripción** puede sugerir que ya se comprende algo, mientras que **no poder leer una inscripción** sugiere que se necesita más información para completar una tarea.

INSECTOS - *ver también Abeja, Mosca* ... Los insectos en sueños pueden reflejar la sensación de que algo nos irrita o molesta. También pueden indicar nuestro sentimiento de insignificancia e impotencia. La interpretación dependerá del insecto concreto que aparezca en el sueño. Así, una **avispa** puede indicar peligro, mientras que un **escarabajo** puede significar suciedad o protección.

INSTRUMENTOS MUSICALES - *ver también Tambor, Flauta, Arpa, Órgano, Piano y Pandereta* Los instrumentos musicales en sueños suelen representar

nuestras habilidades y capacidades de comunicación. Los **instrumentos de viento** tienden a sugerir el intelecto. Los **instrumentos de percusión** sugieren el ritmo básico de la vida.

INTOXICACIÓN - *ver también Alcohol, Borrachera y Drogas* Cuando nos intoxicamos en un sueño puede ser importante decidir qué nos ha provocado la intoxicación. **Estar ebrio** puede indicar una pérdida de control, mientras que un **cambio de estado provocado por las drogas** puede representar un cambio de conciencia.

INUNDACIÓN - *ver también Agua* Los sueños de inundación son fascinantes, porque aunque asustan, a menudo indican una liberación de energía positiva. Suele tratarse de un desbordamiento de sentimientos reprimidos o inconscientes que hay que apartar del camino antes de poder avanzar. **Estar en medio de una inundación** indica que podemos sentirnos abrumados por estos sentimientos, mientras que **observar una inundación** sugiere que simplemente nos estamos observando a nosotros mismos. A menudo, un sueño de inundación puede indicar depresión.

INVENTOR Soñar con un inventor o un profesor nos vincula con nuestro lado más creativo. Suele tratarse más del pensador que del hacedor: alguien capaz de tomar una idea y hacerla tangible.

INVIERNO En sueños, el invierno puede representar una época poco fructífera de nuestra vida. También puede representar la vejez, una época en la que nuestra energía se agota.

INVISIBLE **Volverse invisible** en un sueño suele indicar o bien que no estamos preparados para afrontar el conocimiento que nos aportaría la comprensión, o bien que hay algo que preferiríamos olvidar.

INYECCIÓN Soñar que **te ponen una inyección** significa sentir que han penetrado en tu espacio personal. Las opiniones, necesidades o deseos de otras personas pueden imponerse al soñador sin dejarle otra opción que cooperar. Soñar que **se pone una inyección** sugiere que se intenta forzar a otras personas, lo que puede tener connotaciones sexuales.

IRA La ira en sueños puede representar a menudo otras emociones apasionadas. Por ejemplo, es posible que estemos luchando por expresar adecuadamente algo que nos angustia en la vida de vigilia, pero que sale a la luz en sueños.

ISLA Soñar con una isla significa la soledad que uno puede sentir por el aislamiento, ya sea autoimpuesto o de otro tipo. Una isla también puede representar seguridad en el sentido de que, al aislarnos, no estamos sometidos a presiones externas.

J: De Jabón a Justicia

JABÓN El jabón en sueños sugiere la idea de limpieza. Tal vez necesitemos crear un ambiente de limpieza, tanto física como de comportamiento adecuado. A menudo, en los sueños sexuales emergentes, el jabón puede aparecer como una imagen de semen eyaculado.

JARDÍN Soñar con un jardín puede ser fascinante, porque puede indicar el área de crecimiento de nuestra propia vida, o puede ser aquello que estamos intentando cultivar en nosotros mismos.

JARDINERO A menudo el jardinero indica alguien sabio en quien podemos confiar, que se ocupará de aquellas cosas con las que no nos sentimos capaces de lidiar.

JARRÓN Como soporte de cosas bellas o necesarias, cualquier recipiente –ya sea una jarra, un jarrón, una vasija de agua, una jarra o una urna– tiende a representar lo femenino dentro de un sueño. Un objeto así también puede significar creatividad.

JAULA / CELDA - *ver también Prisión* La jaula representa normalmente algún tipo de trampa o cárcel. Soñar que **enjaulamos a un animal salvaje** nos alerta sobre la necesidad de refrenar nuestros instintos más salvajes. Soñar que **estamos en una jaula** indica un sentimiento de frustración y quizás de estar atrapados por el pasado.

JOYAS / JOYERÍA Las joyas suelen indicar que tenemos, o podemos tener, algo valioso en nuestras vidas. Que **nos regalen joyas** sugiere que otra persona nos valora; **regalar joyas** significa que sentimos que tenemos algo que ofrecer a otras personas. Las joyas también pueden indicar amor dado o recibido. Cuando **buscamos joyas** en un sueño, estamos intentando encontrar las partes de nosotros mismos que sabemos que serán valiosas en el futuro. **Contarlas o evaluarlas** de algún modo sugeriría que es necesario un tiempo de reflexión.

JUDÍA **Estar almacenando** judías en un sueño puede mostrar miedo al fracaso, o falta de confianza en nuestra capacidad para llevar a cabo un objetivo, y la necesidad de crear algo en el futuro. **Plantar judías** sugiere fe en el futuro y el deseo de crear algo útil. Tradicionalmente, se suponía que la judía era capaz de alimentar, vestir y proporcionar un objeto de intercambio para el trueque.

JUEGOS / APUESTAS Jugar a un juego en nuestro sueño indica que estamos tomando nota de cómo jugamos el juego de la vida. Si **jugamos bien**, significa que estamos afrontando bien las circunstancias de nuestra vida. Si **jugamos mal**, puede que necesitemos reevaluar nuestras capacidades e identificar qué habilidades necesitamos mejorar para hacer mejor las cosas. Los juegos y las apuestas también pueden representar que no nos tomamos la vida en serio. Pueden mostrar cómo funcionamos dentro del campo competitivo y darnos algún tipo de visión de nuestro propio sentido de ganar o perder.

JUGAR Jugar a los dados en sueños pone de relieve que estamos jugando con el destino o corriendo riesgos en la vida que deberíamos considerar con más cuidado.

JUGUETE Cuando hay juguetes en un sueño podemos ser conscientes de los niños que nos rodean, o de las partes más inocentes, juguetonas y creativas de nosotros mismos.

JURADO Cuando aparece un jurado en un sueño, normalmente estamos luchando con un problema de presión social. Podemos temer que los demás no comprendan nuestras acciones, que nos juzguen y nos consideren deficientes.

JUSTICIA - *ver también Jurado* Muy a menudo en sueños no parecemos capaces de expresar nuestro derecho a ser escuchados, a exponer las cosas que creemos correctas. Por lo tanto, soñar con justicia o injusticia puede indicar que la mente inconsciente está intentando separar lo correcto de lo incorrecto. Esto suele ocurrir a nivel personal, aunque puede tener una implicación más amplia en cuanto a lo que es moralmente correcto y la norma dentro de la sociedad.

L: De Laberinto a Luz

LABERINTO La aparición de un laberinto en sueños suele significar una confusión de ideas y sentimientos y/o la necesidad de explorar aspectos ocultos de nuestra personalidad. Con sus numerosos giros, vueltas y posibles callejones sin salida, un laberinto es una potente representación del ser humano, representativo del encuentro y la superación de dificultades en la vida que podrían impedir el progreso. A menudo descubrimos que, al intentar encontrar nuestro camino a través del laberinto, aprendemos mucho sobre nosotros mismos una vez superados los sentimientos iniciales de duda y miedo sobre qué camino tomar.

LABORATORIO Soñar que **trabajamos en un laboratorio** indica que necesitamos ser más racionales y científicos en nuestro enfoque de la vida.

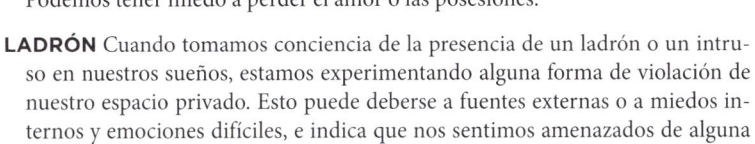

LADRÓN - *ver también Robar* Soñar con un ladrón está relacionado con nuestro miedo a perder cosas o a que nos las quiten. Podemos tener miedo a perder el amor o las posesiones.

LADRÓN Cuando tomamos conciencia de la presencia de un ladrón o un intruso en nuestros sueños, estamos experimentando alguna forma de violación de nuestro espacio privado. Esto puede deberse a fuentes externas o a miedos internos y emociones difíciles, e indica que nos sentimos amenazados de alguna manera.

LAGO / LAGUNA - *ver también Agua* Una laguna o lago representa nuestro mundo interior de sentimientos y fantasías inconscientes, que es una rica fuente de poder cuando se puede acceder a él y comprenderlo. **Si el lago está contaminado**, hemos asimilado ideas que no son necesariamente buenas para nosotros, mientras que **una extensión de agua clara** indicaría que hemos aclarado nuestros sentimientos sobre nosotros mismos.

LÁGRIMAS Las lágrimas en sueños pueden indicar una liberación emocional y una limpieza. Si **lloramos** puede que no nos sintamos capaces de dar rienda suelta a la emoción en la vida cotidiana, pero podemos hacerlo en el escenario seguro de un sueño. Si soñamos que **otra persona llora**, tal vez debamos analizar nuestra propia conducta para ver si es apropiada.

LAMENTOS Los lamentos son una forma larga y prolongada de liberar emociones. Cuando oímos a **alguien lamentarse** en sueños, somos conscientes de la tristeza de otra persona. Cuando **nosotros mismos nos lamentamos**, podemos estar permitiéndonos una liberación emocional que no veríamos apropiada en la vida cotidiana.

LANA La interpretación que hacemos de la lana depende de si la imagen que tenemos es de lana de cordero o de lana de punto (*ver Punto*). La **lana de cordero** puede representar pensamientos y sentimientos borrosos que aún no hemos ordenado.

LANZA La lanza tiene muchos significados. Representa lo masculino en sueños y es fálica. Es la fuerza que da la vida. Ver a un **guerrero con una lanza** es reconocer al macho agresivo. **Clavar una lanza en el suelo** es marcar el propio territorio. Si **lanzamos una lanza**, quizá debamos ser conscientes de nuestros aspectos más primitivos.

LÁTIGO El látigo es un instrumento de tortura e indica que el soñador tiene la necesidad de controlar a los demás o de ser controlado por ellos. Podemos estar intentando controlar mediante el dolor, ya sea físico o emocional.

LAVAR - *ver también Agua* Soñar con **lavarse uno mismo o, por ejemplo, la ropa**, sugiere deshacerse de sentimientos negativos. Puede que necesitemos cambiar nuestra actitud, ya sea interna o externa. **Lavar a otras personas** alude a nuestra necesidad de cuidar de los demás.

LAZOS Si soñamos con el tipo de lazos, ataduras y cuerdas que pueden darse en las relaciones, quien está siendo "atado" está mostrando sumisión a una fuerza mayor.

LECTURA - *ver también Libro* Leer un libro en sueños sugiere que buscamos información. **Leer una carta** significa recibir noticias. **Leer una lista** –por ejemplo, la lista de la compra– indica la necesidad de poner orden en nuestras vidas. **Leer una Biblia u otro libro sagrado** significa intentar comprender un sistema de creencias.

LENGUAJE Oír un lenguaje extraño o ajeno en sueños ilustra algún tipo de comunicación, ya sea desde el interior o desde el Inconsciente Colectivo. Aún no se ha aclarado lo suficiente como para que podamos comprenderlo.

LEÓN - *ver también Animales* El león en sueños significa tanto crueldad como fuerza.

LEPROSO Soñar con un leproso sugiere que somos conscientes de algún aspecto de nosotros mismos que consideramos impuro. Sentimos que hemos sido rechazados por la sociedad sin saber muy bien por qué. También podemos sentir que hemos sido contaminados de alguna manera.

LEVADURA La levadura se considera una sustancia que aligera los alimentos y los hace apetecibles. Al mismo tiempo, cambia la sustancia y la textura. En sueños representa ideas o influencias que pueden cambiar irrevocablemente nuestras vidas o situaciones, a menudo para mejor.

LIBRO Nuestra búsqueda de conocimientos y la capacidad de aprender de las experiencias y opiniones de otras personas se simbolizan en sueños mediante libros y bibliotecas. Soñar con **libros antiguos** representa la sabiduría heredada y la conciencia espiritual. Soñar con **libros de contabilidad** indica la necesidad o la capacidad de cuidar de nuestros propios recursos. Soñar con **una novela** representa una forma diferente de ver las cosas. Por ejemplo, una **novela histórica** podría sugerir que necesitamos explorar el pasado, mientras que una **novela romántica** sugeriría la necesidad de examinar las relaciones.

LIDERAR Y GUIAR (LA ACCIÓN) Soñar con una **correa de perro** (*véase también Arnés y Cabestro*) simbolizaría la conexión entre nosotros y nuestra naturaleza inferior. **Haber perdido la correa** del perro indicaría una pérdida de control. **Guiar a alguien** en sueños presupone que sabemos lo que hacemos y adónde vamos. **Ser guiados** sugiere que hemos permitido que otra persona tome el control de una situación que nos rodea.

LÍNEA Una línea en sueños suele marcar un límite o indicar una medida. En sueños, también puede significar un vínculo entre dos objetos para mostrar una conexión que no es inmediatamente obvia. **Una fila de personas** o una cola sugieren un orden impuesto para un fin determinado. **Si el soñador está esperando en una fila**, el propósito de la fila será importante.

LÍNEA TORCIDA Cuando en un sueño aparece cualquier tipo de línea torcida, suele haber una necesidad de registrar algo como desequilibrado o fuera de lugar, o puede haber cierta falta de sinceridad en nuestro trato con los demás.

LINO El lino en sueños, en un plano puramente práctico, puede sugerir una apreciación de las cosas finas. Los **manteles de lino**, por ejemplo, pueden sugerir algún tipo de celebración en el sentido de utilizar sólo lo mejor. Las **sábanas de lino** pueden significar sensualidad.

LÍQUIDO El líquido en sueños puede tener más de un significado. Como siempre está relacionado con la "fluidez", puede representar la idea de permitir que los sentimientos fluyan correctamente. El color del líquido en el sueño (*ver Color*) puede ser importante, ya que puede indicar exactamente qué sentimientos y emociones se están tratando. El rojo puede representar la ira, mientras que el violeta puede significar aspiración espiritual.

LIRIOS Debido a su relación con los funerales, para algunas personas los lirios pueden simbolizar la muerte. Sin embargo, también pueden simbolizar la nobleza y la gracia, por lo que la interpretación debe pensarse detenidamente. **Si plantamos lirios**, esperamos una transición pacífica en algún ámbito de nuestras vidas. **Si estamos recogiendo lirios**, sobre todo en el sueño de una mujer, estamos desarrollando una existencia pacífica.

LLAMAR Oír llamar a la puerta en un sueño suele alertarnos de que nuestra atención debe reorientarse. Por ejemplo, puede que seamos demasiado introvertidos cuando en realidad necesitamos prestar más atención a los asuntos externos.

LLANTO - *ver también Duelo* El llanto sugiere una emoción o pena incontrolable, por lo que **experimentar el llanto, ya sea propio o de otra persona**, indica que es necesario descargar dicha emoción. Podemos estar tristes por acontecimientos pasados o temerosos de avanzar hacia el futuro. Merece la pena explorar la calidad del llanto. Por ejemplo, ¿estamos sollozando y, por tanto, no somos capaces de expresarnos plenamente?

LLAVE - *ver también Cerradura y Prisión* Las llaves aparecen a menudo en sueños. Representan actitudes, pensamientos y sentimientos nuevos, capaces de desbloquear recuerdos, experiencias y conocimientos que hasta ahora habíamos ocultado. Soñar con un **manojo de llaves** sugiere la necesidad de abrir el conjunto de nuestra personalidad a nuevas experiencias.

LLUVIA En su significado más simple, la lluvia representa las lágrimas y la liberación emocional. Puede que hayamos estado deprimidos y no hayamos podido liberar nuestros sentimientos en la vida cotidiana. La lluvia en sueños a menudo se convierte en la primera toma de conciencia de que podemos dejarnos llevar.

LO DESCONOCIDO Lo desconocido en sueños es lo que se nos ha ocultado o lo que hemos convertido deliberadamente en secreto. Puede tratarse de lo "oculto", es decir, de conocimientos que sólo están al alcance de los iniciados. También puede tratarse de información que normalmente no necesitamos, salvo en momentos de tensión.

LOTERÍA La lotería –especialmente en el clima actual– sugiere la idea de ganar arriesgándose. Soñar que **se gana** la lotería sugiere que se ha tenido suerte o inteligencia en la vida de vigilia. Soñar que **se pierde** puede sugerir que otra persona controla nuestro destino.

LUCHA Si soñamos que **estamos en una pelea**, suele indicar que nos enfrentamos a nuestra necesidad de independencia. También puede significar que necesitamos expresar la ira y la frustración subyacentes y/o que tenemos un deseo subconsciente de hacer daño a una parte de nosotros mismos o a otra persona, algo que sería inaceptable en el estado de vigilia.

LUGARES Cuando el entorno o el escenario de un sueño es especialmente llamativo, suele transmitirse algún tipo de mensaje o información. A veces, el lugar refleja nuestro estado de ánimo o humor interno, otras veces puede ser un recordatorio de un lugar concreto que tuvo significado en un momento específico de la vida del soñador, y otras veces puede ser un recordatorio de personas concretas.

LUNA - *ver también Planetas* La Luna siempre ha representado el yo emocional y femenino. Es la intuición, lo psíquico, el amor y el romanticismo. Soñar con la Luna, por tanto, es estar en contacto con ese lado oscuro y misterioso de nosotros mismos. A menudo, en sueños, la Luna también puede representar a la madre o la relación con ella.

LUPA Cuando en un sueño se amplía algo, se está llamando nuestra atención sobre ello. **Utilizar una lupa** en un sueño indica que debemos hacer consciente lo que estamos viendo. Debe formar parte de nuestra vida cotidiana y tenemos el poder de crear algo a partir del material que tenemos.

LUZ Una luz, o lámpara, en un sueño significa generalmente iluminación, claridad de percepción, confianza y optimismo.

De: Madera a Música

MADERA - *ver también Bosque, Tablón y Árboles* Soñar con madera, en el sentido de madero, sugiere nuestra capacidad para apreciar el pasado y construir sobre lo que ha habido antes. Somos capaces de construir una estructura, que puede ser permanente o no. Soñar con un **juguete de madera** subraya nuestra conexión con el lado más natural de nosotros mismos.

MAGIA Cuando utilizamos la magia en un sueño, estamos utilizando nuestra energía para conseguir algo sin esfuerzo ni dificultad. Somos capaces de controlar la situación en la que nos encontramos, de hacer que las cosas sucedan por nosotros y de crear a partir de nuestras propias necesidades y deseos.

MAGISTRADO Cuando aparece una figura de autoridad en un sueño, a menudo nos remite a la relación con nuestro padre, a la necesidad de que nos digan lo que tenemos que hacer o de que alguien más poderoso que nosotros tome el control de nuestras vidas. Puesto que un magistrado impone las leyes de la sociedad, también tiene que ver con nuestra voluntad de someternos a la autoridad en nombre del Bien Común. A lo largo de la vida, aprendemos a pertenecer a grupos y a actuar de forma más acorde con las necesidades de esos grupos.

MAL Experimentar el mal en un sueño suele significar ser consciente de nuestros propios impulsos, que hemos juzgado erróneos. Otros aspectos del mal, como la acción inapropiada de otros, pueden experimentarse como pavor y repugnancia.

MALAS HIERBAS - *ver también Plantas* Las malas hierbas **son plantas no deseadas** que no aportan gran cosa a nuestra vida y que, si se las deja campar a sus anchas, pueden frenar nuestro crecimiento positivo. Por lo tanto, **desenterrar las malas hierbas** en sueños indica que somos conscientes de que, al liberar nuestra vida de lo no esencial, estamos creando espacio para un nuevo crecimiento.

MALETÍN - *ver Equipaje*

MALO Cuando soñamos que algo es "malo" estamos siendo conscientes de que el objeto soñado carece de valor o es defectuoso. **Sentirse mal** puede tener dos significados; uno en el sentido de **ser travieso** y el otro de no sentirse bien. Estamos desequilibrados de alguna manera.

MANZANA - *ver también Comida y Fruta* En sueños suele representar la fecundidad, el amor y/o la tentación.

MAPA Cuando aparece un mapa en un sueño, a menudo indica una aclaración de la dirección que debemos tomar en la vida. Podemos sentirnos perdidos y necesitar algo que nos indique el camino a seguir, sobre todo en lo que respecta a la ambición o la motivación. **Un mapa que ya ha sido utilizado por otras personas** indicaría, por tanto, que somos capaces de tomar una dirección y aprender de esas personas.

MAQUILLAJE Si nos maquillamos en un sueño, normalmente indica nuestra capacidad para cambiar la impresión que causamos en los demás. Puede significar que existe la necesidad de registrar el hecho de que estamos cubriendo nuestros rasgos o que, por el contrario, estamos realzando nuestra belleza natural.

Si estamos utilizando cosméticos en otra persona, a menudo le estamos ayudando a crear una impresión falsa, o tal vez mejor.

MÁQUINA Cuando una máquina de cualquier tipo aparece en un sueño, a menudo está poniendo de relieve las funciones automáticas de supervivencia del cuerpo, como la respiración, los latidos del corazón y la eliminación. Suele estar relacionado con algún tipo de forma mecánica y habitual, es decir, con las cosas ordinarias de cada día. La "mecánica" del cuerpo es una parte importante de nuestro bienestar y, a menudo, **cuando percibimos que una máquina se estropea** en sueños, nos advierte de que debemos tener cuidado, de que tal vez estamos sobrecargando una parte concreta de nuestro ser.

MAR / OCÉANO - *ver Agua*

MAREA Soñar con una marea significa intentar ir con el flujo y reflujo de la vida, más concretamente con el flujo y reflujo de nuestras emociones. Como una marea elimina los desechos, el simbolismo de la limpieza también es relevante. Una **marea alta** puede simbolizar una gran energía, mientras que una **marea baja** sugeriría un drenaje de nuestras capacidades o energía.

MARFIL El marfil se considera una sustancia preciosa y, sin embargo, se obtiene de forma totalmente inmoral. Así pues, soñar con el marfil es mirar en nuestro interior para descubrir qué hacemos para obtener algo precioso: ¿es ético?

MARINERO La mayoría de la gente tiene una idea bastante anticuada del marinero. Es esta imagen la que suele aparecer en sueños. Representa la libertad, tanto de movimiento como de espíritu. Sugiere a alguien que es totalmente dueño de su destino. **Un marinero moderno** tendría la ventaja añadida de controlar su propio entorno.

MARIONETA Cuando aparece una marioneta en un sueño, tal vez tengamos la sensación de poder manipular las circunstancias o a las personas que nos rodean. Una marioneta también puede representar los procesos más mecánicos de nuestro ser, las actividades que se desarrollan automáticamente en segundo plano.

MARIPOSA A nivel práctico, cuando se ve en sueños, la mariposa representa alegría y libertad.

MÁRMOL El mármol que aparece en un sueño a menudo indica edad o quizás permanencia.

MARTILLO Soñar con martillos u otros instrumentos contundentes pone de relieve el lado más agresivo y masculino de nuestra naturaleza e indica que podemos estar utilizando una fuerza o un poder indebidos para conseguir un determinado resultado.

MARTIR Experimentar en sueños que **nos hacemos los mártires** pone de relieve nuestra tendencia a hacer cosas sin ser lo suficientemente asertivos para decir que no, y a actuar desde el sentido del deber. Cuando somos conscientes de que **otra persona se hace la mártir**, es posible que tengamos expectativas demasiado altas respecto a ella.

MÁSCARA La mayoría de las personas tienen una fachada que ponen ante los demás, sobre todo en un primer encuentro. Soñar con una máscara suele alertarnos sobre nuestra propia fachada o la de los demás. Cuando no somos fieles a nosotros mismos, a menudo lo experimentamos en sueños como una máscara "negativa" o aterradora.

MASCOTA - *ver también Animales* Mientras que en el estado de vigilia podemos no ser conscientes de nuestra necesidad de amor y afecto, cuando aparece una mascota en sueños estamos reaccionando a un impulso natural en nosotros mismos de dar o recibir amor.

MATAR Soñar que **nos matan** representa que el soñador se ve sometido a una influencia, normalmente externa, que le está haciendo a él, o a un aspecto de su personalidad, ineficaz en la vida cotidiana. **Matar a alguien** en un sueño es intentar librarse de la influencia que ejerce sobre el soñador.

MATRIMONIO / BODA Un matrimonio o una boda en sueños suele indicar la unión de dos partes concretas del soñador que necesitan unirse para crear un todo mejor. Por ejemplo, el intelecto y los sentimientos, o tal vez el lado práctico y el intuitivo, pueden necesitar unirse. A menudo, un matrimonio puede ser precognitivo en el sentido de que uno puede ser consciente subconscientemente de una relación entre dos personas, pero aún no se ha registrado a nivel consciente. Por lo tanto, **asistir a una boda** puede indicar que se es consciente de dicha relación. Soñar que **llevas un vestido de novia** significa que estás tratando de poner en orden tus sentimientos y esperanzas sobre las relaciones y las bodas. **Vestir a otra persona con un traje de novia** puede indicar sentimientos de inferioridad: "siempre la dama de honor, nunca la novia".

MECERSE Mecerse en sueños puede ser una actividad reconfortante y ponernos en contacto con los ritmos naturales de la vida.

MEDALLA Una medalla suele ser una recompensa por un buen trabajo o por valentía, así que cuando aparece una en un sueño, es un reconocimiento de nuestras propias capacidades. **Si le damos una medalla a otra persona**, entonces estamos honrando esa parte de nosotros mismos representada por la otra persona.

MEDICINA Tomar medicinas en sueños sugiere que, en cierto nivel, somos conscientes de que una parte de nosotros necesita curación. A menudo somos conscientes de para qué sirve la medicina y, por lo tanto, se nos alerta de un problema de salud o de una situación que puede cambiar de negativa a positiva.

MEDITACIÓN La interpretación del acto de meditar en un sueño dependerá de si el soñador medita en la vida real. En alguien que lo hace, sugerirá una disciplina que ayuda al soñador a ponerse en contacto con la intuición y las cuestiones espirituales. En alguien que no lo hace, puede indicar la necesidad de ser más introvertido, para comprender la necesidad de ser responsable de uno mismo.

MÉDIUM Soñar con **visitar a un médium** significa muy a menudo que estamos buscando algún tipo de contacto con nuestro propio inconsciente, o con los muertos. También podemos estar intentando alertar a nuestra propia intuición y utilizarla de forma diferente a como lo hemos hecho anteriormente.

MEMORIAL Ver un monumento conmemorativo, como un **monumento de guerra**, en un sueño nos remite a un recuerdo que puede estar "grabado en piedra". Para poder seguir adelante, debemos ser capaces de asimilar este recuerdo.

MENDIGO Soñar con **ser un mendigo** representa nuestro propio sentimiento de fracaso y falta de autoestima. Soñar a **otra persona como mendigo** indica que necesitamos tomar conciencia de nuestra capacidad para ayudar a otros menos afortunados que nosotros.

MERCADO / PLAZA DEL MERCADO - *ver también Tienda* Soñar que **estamos en un mercado** indica nuestra capacidad para desenvolvernos en la vida cotidiana, de relacionarnos con la gente, pero sobre todo de relacionarnos con multitudes. También es el lugar de la compra y la venta y, por lo tanto, a menudo nos da algún tipo de indicación sobre cómo valoramos nuestros diversos atributos, si tenemos algo que vender o si estamos comprando.

MESA - *ver también Altar* Una **mesa como foco de reunión**, ya sea social o profesional, suele reconocerse en sueños como símbolo de toma de decisiones. **Como lugar de reunión familiar**, el soñador puede considerar las comidas como un ritual importante. En el ámbito empresarial y profesional, la **mesa de juntas** también tiene un elemento ritual.

MESA REDONDA Una mesa redonda en sueños es un símbolo de totalidad. En parte debido a los cuentos del Rey Arturo, hay varios mitos asociados con una mesa redonda, pero esencialmente indica que todo el mundo es igual.

MESETA Muchos sueños contienen imágenes en las que se alcanza una meseta. A veces puede representar un periodo de paz y tranquilidad; otras, un estancamiento en el que no queda energía.

METAL Cualquier metal que aparezca en sueños representa las restricciones del mundo real. Puede representar capacidades y atributos básicos, pero también dureza de sentimientos o rigidez emocional.

MICROSCOPIO Un microscopio en un sueño muy a menudo indica que necesitamos prestar atención a los detalles. También es posible que necesitemos ser algo introspectivos para alcanzar un objetivo personal.

MIEL La miel representa casi inevitablemente el placer y la dulzura. Soñar con miel –y **especialmente con comerla**– puede significar que reconocemos que necesitamos darnos placer a nosotros mismos. Igualmente, puede indicar que hemos pasado por algún tipo de experiencia gozosa que ahora podemos asimilar como parte de nosotros mismos.

MINAS - *ver también Excavar* Soñar con minas significa sacar a la luz los recursos del inconsciente: somos capaces de utilizar el potencial del que disponemos. Curiosamente, las minas en sueños también pueden representar el lugar de trabajo.

MINERAL El mineral es un material en bruto que hay que refinar para que sea utilizable. En sueños, puede representar los recursos de que disponemos, aunque al principio sean bastante rudimentarios. También puede representar nuevas ideas, pensamientos y conceptos que aún no se han comprendido del todo.

MOLINO / PIEDRA DE MOLINO Un molino extrae lo útil de la materia bruta con la que se alimenta. Esta cualidad es la que simbolizan los sueños. Somos capaces de extraer de nuestras experiencias vitales lo que nos es útil y podemos convertirlo en alimento.

MOMIA (EGIPCIA) Existe una conexión obvia entre momia y madre, que es un juego de palabras. En muchos sentidos, nuestra madre debe "morir" o, mejor dicho, nosotros debemos cambiar nuestra relación con ella para poder sobrevivir. La momia egipcia en sueños también puede simbolizar nuestros sentimientos hacia alguien que ha muerto.

MONEDERO Un monedero se utiliza normalmente para guardar dinero o algo de valor para nosotros. Por eso, en sueños se convierte en algo valioso en sí mismo. **Encontrar un monedero** sugiere que hemos encontrado algo de valor, mientras que **perder un monedero** sugiere que hemos sido descuidados.

MONO Soñar con monos o simios nos vincula con nuestro lado más travieso.

MONSTRUO La aparición de un monstruo en un sueño suele ser el miedo a nuestras propias emociones o impulsos personalizados, de modo que lo que nos preocupa aparece como una criatura.

MONTAÑA Una montaña suele aparecer en sueños como símbolo de que hay un obstáculo que superar. Al **atrevernos a escalar la montaña** desafiamos nuestras propias insuficiencias y nos liberamos del miedo. **Alcanzar la cima** es lograr el propio objetivo. **Caerse de la montaña** indica descuido.

MONTÍCULO - *ver también Colina* Tradicionalmente, se supone que la aparición de un montículo en sueños remite a las necesidades de nuestra primera infancia y al consuelo que nos proporcionaba el pecho materno.

MORDER Ser mordido en un sueño puede mostrar que estamos experimentando la agresión de otra persona o, por el contrario, que nuestros propios instintos agresivos no están bajo control.

MOSCAS Soñar con moscas es ser consciente de que tenemos ciertos aspectos negativos de nuestra vida que es necesario tratar. Soñar con **un enjambre de moscas** es soñar con el tipo de comportamiento intencionado que se produce cuando hay un gran número de insectos. Mientras que un insecto parece moverse sin rumbo, un gran número no lo hace. A menudo, sólo podemos cambiar las cosas si actuamos en grupo.

MOTOR - *ver también Coche* El impulso motivador o la energía que necesitamos dentro de una situación se puede percibir en los sueños como un motor. Cuando el sueño parece concentrarse en la acción mecánica del motor, es posible que debamos buscar formas más dinámicas y pragmáticas de afrontar nuestra vida. **Quitar el motor** podría indicar un problema grave de salud.

MOVIMIENTO El movimiento en sueños suele destacarse para que el soñador sea consciente de su progreso. **Avanzar** sugiere la aceptación de las propias capacidades, mientras que **retroceder** significa retirarse de una situación. **Moverse hacia los lados** sugeriría un acto deliberado de evasión.

MUEBLES / MOBILIARIO Los muebles que aparecen en nuestros sueños, sobre todo si nos llaman la atención, a menudo muestran cómo nos sentimos con respecto a nuestra vida familiar y doméstica, y qué actitudes o hábitos hemos desarrollado. También puede indicar cómo nos sentimos con respecto a nosotros mismos. Por ejemplo, un **material oscuro** y pesado sugeriría la posibilidad de depresión, mientras que los objetos pintados de **colores brillantes** podrían atestiguar una mentalidad optimista.

MUELLE - *ver también Viaje* **Estar en un muelle** en sueños puede indicar que se avanza hacia una nueva fase de la vida o que se deja atrás una antigua. **Si miramos hacia delante** con expectación, es la nueva fase la que hay que comprender. **Si miramos hacia atrás**, puede que haya algo en el pasado que requiera atención antes de poder seguir adelante.

MUERTE Tradicionalmente, soñar con la muerte indicaba la posibilidad de un nacimiento o un cambio de circunstancias en la propia vida o en la de las personas del entorno. Como en el pasado la muerte suscitaba un gran temor, también representaba la calamidad, en el sentido de que nada volvería a ser igual. Era algo que había que experimentar y soportar más que comprender. A medida que la actitud de la gente ha ido cambiando, la muerte en sueños ha pasado a indicar un reto al que debemos enfrentarnos: la necesidad de ajustar nuestro enfoque de la vida y aceptar que puede haber un nuevo comienzo si tenemos el valor de ir a por él. Soñar con **nuestra propia muerte** significa que estamos explorando nuestros propios sentimientos sobre la muerte; la retirada del desafío de la vida o la escisión entre mente y cuerpo.

MULETAS Cuando soñamos con muletas estamos experimentando la necesidad de apoyo, aunque también puede ser que necesitemos apoyar a otros. Puede que los demás nos parezcan inadecuados y necesitemos reajustar nuestra forma de pensar.

MULTITUD Soñar con estar en medio de una multitud podría indicar que no deseamos destacar, o que actualmente no tenemos sentido de la orientación. Tal vez deseemos camuflar nuestros sentimientos ante los demás, perdernos o incluso ocultar nuestras opiniones.

MUÑECA Una muñeca puede representar cómo se sentía el soñador de niño o una necesidad de consuelo. También puede expresar una parte no desarrollada de la personalidad del soñador.

MURCIELAGO - *ver también Vampiro* Soñar con murciélagos (el animal) indica que hay pensamientos e ideas en el inconsciente que pueden revelarse con un potencial aterrador.

MUSEO Un museo en sueños denota pensamientos, conceptos e ideas anticuados. Es posible que necesitemos considerar estas cosas, pero quizás más objetivamente que subjetivamente.

MÚSICA / RITMO - *ver también Orquesta* La música y el ritmo son una expresión de nuestro yo interior y de nuestra conexión con la vida. **Oír música** en un sueño sugiere que tenemos el potencial para hacer esa asociación básica. La música puede representar igualmente una experiencia sensitiva y sensual.

N: De Nacimiento a Números

NACIMIENTO Tendemos a soñar con el nacimiento al comienzo de una nueva forma de vida, una nueva actitud, una nueva habilidad o un nuevo proyecto –también cuando tomamos conciencia de la muerte de lo viejo.

NADAR - *ver también Ahogarse e Inmersión* Soñar con nadar tiene un simbolismo muy parecido al de la inmersión. **Nadar contracorriente** indicaría que el soñador va en contra de su propia naturaleza. Los **peces nadando** pueden tener el mismo simbolismo que el esperma, y por tanto pueden indicar el deseo de tener un hijo. Nadar en **agua clara** puede indicar que se está limpiando, mientras que el **agua oscura** podría simbolizar la posibilidad de depresión.

NAUFRAGIO Soñar con un naufragio indica que nuestros planes pueden verse frustrados de algún modo. Es necesario decidir si la culpa del fracaso de nuestros planes es nuestra o de otra persona o cosa.

NÁUSEAS Las náuseas en sueños suelen indicar la necesidad de deshacernos de algo que nos hace sentir incómodos. Puede ser un reflejo de nuestro estado físico, pero como el estómago es la sede de las emociones, puede ser la representación de una emoción que nos angustia.

NAVAJA Dependerá del tipo de navaja la interpretación que se le dé. Una **navaja de afeitar** tendría el mismo simbolismo que un cuchillo, es decir, cortar lo innecesario. Una **cuchilla de afeitar** sugiere que se necesita un método menos arriesgado para permitirnos revelar la verdad sobre nosotros mismos. Una **maquinilla eléctrica** sugiere que debemos prestar atención a la imagen que damos en la vida cotidiana.

NAVEGAR - *ver también Viaje* Cuando soñamos que navegamos, estamos poniendo en relieve cómo sentimos que llevamos nuestra vida. Podemos trabajar con las corrientes o contra ellas. Si **navegamos en un yate**, la sensación de inmediatez es mayor que **si lo hacemos en un transatlántico**. Lo primero tiene más que ver con las relaciones de uno a uno, mientras que lo segundo sugiere más un esfuerzo de grupo.

NICHO Todo el mundo tiene una necesidad básica de pertenencia y a menudo somos conscientes en sueños de encontrar nuestro lugar particular. Se manifiesta en sueños como un lugar en el que estamos protegidos por todos lados excepto por delante. Se ha sugerido que se trata de un retorno al estado infantil anterior a los cuatro años, cuando el niño empieza a darse cuenta de que es vulnerable por detrás. Un nicho es, por tanto, el lugar donde estamos seguros.

NIDO El nido simboliza la seguridad y quizá la vida hogareña. Podemos depender emocionalmente de las personas que nos rodean y tener miedo a "abandonar el nido".

NIEBLA Soñar que estamos en la niebla marca nuestra confusión e incapacidad para afrontar, o a menudo incluso para ver, las verdaderas cuestiones que están en juego en nuestras vidas. A menudo nos confunden los asuntos externos y el impacto que pueden tener en nosotros emocionalmente.

NIEVE - *ver también Hielo* La nieve es una cristalización del agua y, como tal, representa la cristalización de una idea o un proyecto. **Cuando se derrite**, puede representar el ablandamiento del corazón.

NIVEL Normalmente, una superficie nivelada sugiere facilidad y comodidad. Soñar que **una carretera está nivelada** indica que nuestro camino es bastante sencillo. **Un paso a nivel** sugiere que nos acercamos a una barrera que requiere nuestra atención. Es posible que aún no dispongamos de información suficiente para evitarlo.

NO Ser consciente de decir "no" en sueños puede ser una parte importante de nuestro proceso de crecimiento. Somos capaces de tomar decisiones que van en contra de los deseos de otras personas, sin sentir que vamos a ser castigados. Estamos aceptando el rechazo y ya no tenemos miedo. Somos capaces de valernos por nosotros mismos.

NOCHE - *ver también Tiempo* La noche significa un periodo de descanso y relajación. Sin embargo, también puede sugerir un periodo de caos y dificultad. También es un periodo que nos permite crear un nuevo comienzo con el amanecer del nuevo día. Utilizada de forma constructiva, la noche es, por tanto, el periodo de barbecho que precede a un nuevo crecimiento.

NOMBRE Nuestro nombre es lo primero que somos conscientes de poseer. Es nuestro sentido del yo y de pertenencia. **Si oímos nuestro nombre** en un sueño, nuestra atención se dirige específicamente a la persona que somos.

Se sugiere que los padres nombren a sus hijos de manera que el significado del nombre conlleve la lección más importante que el niño tiene que aprender en la vida. Por ejemplo, Charles significa "hombre" y Bridget significa "fuerza".

NOVIA - *ver también Matrimonio* Cuando una **mujer sueña con ser novia**, a menudo está intentando conciliar su necesidad de relación y su necesidad de independencia. En el **sueño de un hombre, una novia** indica su comprensión de la parte femenina e inocente de sí mismo. Soñar que **se asiste a una boda**, sobre todo la propia, indica la integración del sentimiento interior y la realidad exterior.

NOVIO - *ver también Matrimonio* Soñar con un novio suele indicar el deseo de casarse o de encontrar pareja. A menudo muestra el deseo de ser más responsable o de asumir responsabilidades por otra persona. Es una conexión y una comprensión del lado "romántico" de la propia naturaleza e indica la necesidad de integración del intelecto y el mundo real.

NUBES Soñar con nubes puede tener dos significados, dependiendo de las demás circunstancias del sueño. Puede indicar sentimientos edificantes o religiosos, o puede mostrar que nos sentimos eclipsados por alguien o algo. También puede advertir de la posibilidad de que se avecinen dificultades o peligros.

NUDO Si un nudo se ve como una **maraña**, puede representar un problema o una dificultad irresoluble, cuya respuesta sólo puede "desentrañarse" poco a poco. En sentido positivo, un nudo puede representar los lazos que unen a una persona con su familia, sus amigos o su trabajo.

NUECES Tradicionalmente se creía que las nueces comestibles alimentaban el cerebro y daban sabiduría. Todavía pueden tener este significado en sueños. Soñar con nueces puede sugerir que estamos intentando despersonalizar cuestiones relacionadas con la sexualidad.

NUEVO Soñar con algo nuevo sugiere un nuevo comienzo, una nueva forma de ver o afrontar las situaciones, o tal vez incluso una nueva relación. Así, unos **zapatos nuevos** pueden sugerir una forma diferente de avanzar o de conectar con la tierra. Un **sombrero nuevo** puede sugerir un nuevo enfoque intelectual, mientras que unas **gafas nuevas** pueden indicar una nueva forma de ver las cosas.

NÚMEROS Cuando los números nos llaman la atención en sueños, pueden tener un significado personal o simbólico. A menudo aparece un número que tiene un significado personal, como una fecha concreta o el número de una casa en la que hemos vivido. A menudo, nuestra mente retiene el significado del número, aunque no lo recordemos conscientemente.

O: De Oasis a Óxido

OASIS La mayoría de la gente ve un oasis como un lugar de refugio en un desierto. Debido a su asociación con el agua, en sueños se convierte en un lugar donde podemos recibir cualquier refrigerio emocional que necesitemos.

OBEDIENCIA Cuando en sueños **esperamos obediencia de alguien**, estamos reconociendo nuestro propio poder y autoridad sobre los demás. Soñar que **tenemos que obedecer a otros** indica que somos conscientes de su mayor autoridad y conocimiento, y también del desempoderamiento que se ha producido.

OBELISCO Cualquier piedra tallada que aparezca en un sueño sugiere que estamos considerando cómo hemos dado forma a nuestra propia naturaleza básica. Cuanto más simple es, más margen de mejora tenemos; cuanto más adornada está, más éxito tenemos en el uso de nuestra energía creativa.

OBJETIVO Apuntar a un blanco en sueños sugiere que tenemos un objetivo en mente. El objetivo dependerá del tipo de diana. **Disparar a una diana** podría interpretarse como una búsqueda de la perfección. **Apuntar a una persona** podría sugerir odio o deseo sexual.

OBLEA Una oblea en sueños puede representar algo que es frágil, que se rompe con facilidad y que, por lo tanto, debemos tratar con cuidado.

OBLIGACIÓN Cuando tenemos una **obligación con uno de los personajes** de nuestros sueños, se nos recuerda nuestro sentido innato del deber. Puede que

sintamos que hemos hecho o tenemos que hacer algo por ellos que, en el fondo de nuestro corazón, no consideramos apropiado para nosotros.

OBRA DE TEATRO Cuando en sueños **vemos una obra de teatro**, debemos decidir si se trata de un drama, una comedia o una tragedia. Esto se debe a que a menudo intentamos ver nuestra propia vida de forma objetiva. El contenido de la obra puede darnos pistas sobre cómo debemos actuar en la vida cotidiana. **Si en la obra aparecen personas que conocemos**, debemos ser conscientes del "drama" que estamos representando con ellas.

OBSCENIDAD A menudo los sueños se vinculan con los aspectos más bajos de nosotros mismos, aquellas partes a las que normalmente no nos enfrentamos en la vida despierta. Que la obscenidad aparezca en un sueño nos permite tratar con estos impulsos de forma segura, sin juzgarlos.

OBSERVAR En los sueños, a menudo somos conscientes del Yo que está observando y participando en el sueño. Debemos ser conscientes de todas las partes del sueño para obtener los mejores resultados.

OBSESIÓN La obsesión es una concentración antinatural en un sentimiento, una creencia o un objeto, y puede indicar simplemente que necesitamos tiempo para superar una dificultad. A menudo existe ansiedad por alguna ocasión o hecho del pasado, con el que no hemos podido, o no nos han permitido, lidiar. Cuando un sentimiento tan antinatural aparece en sueños, podemos apreciar lo perjudicial que puede ser.

OBSTÁCULO Los obstáculos en sueños pueden adoptar muchas formas: un muro, una colina, un bosque oscuro, etc. En general, somos conscientes de que hay que superar estos obstáculos. La forma en que lo hacemos en un sueño puede sugerirnos a menudo cómo abordar un problema en la vida cotidiana.

OCULTO En realidad, oculto significa "escondido", por lo que el hecho de que alguien sueñe con lo oculto cuando no tiene ningún conocimiento sobre el tema suele sugerir la necesidad de enfrentarse a todos sus miedos ocultos. La mayoría de la gente tiende a pensar en lo oculto en su sentido negativo, como en la magia negra o el satanismo, y por lo tanto puede vincularse con el lado egoísta de su naturaleza.

OFENSA Ofenderse en un sueño es permitirse una muestra de emoción y sentimiento sobre nuestra propia sensibilidad que puede no ser apropiada en la vida despierta. **Ofender a alguien** en un sueño es reconocer que no somos tan conscientes de los sentimientos de los demás como deberíamos.

OFICIAL Soñar con un oficial, a menos que tengamos una relación con esa persona en la vida real, es mirar a la parte de nosotros mismos que dirige nuestras vidas. Toda figura oficial, y en particular la que lleva uniforme (*ver Uniforme*), nos alerta sobre la parte de nuestro ser que necesita pertenecer a un grupo organizado. A nivel consciente podemos rebelarnos, pero hay una parte de nosotros mismos que reconoce que debemos encajar de alguna manera.

OFICINA A menudo nuestro trabajo u oficina nos proporciona un entorno de ensueño con el que nos sentimos cómodos. Es algo más formal que nuestro hogar, y a menudo trata de nuestros sentimientos sobre el trabajo y la autoridad, o de nuestra relación con ellos.

OJO DE LA CERRADURA Cuando soñamos que **miramos por el ojo de una cerradura**, somos conscientes de que nuestra capacidad de ver y comprender está mermada. Convencionalmente, se ha considerado que el ojo de la cerradura representa lo femenino, de modo que la alteración podría deberse a nuestra actitud hacia lo femenino.

OLOR - *ver también Perfume* La mayoría de los sentidos se agudizan en sueños, pero el olfato sólo está disponible si se necesita una interpretación específica, por lo que hay que prestar especial atención a lo que se huele. Un **olor agradable** es probable que sugiera buenos momentos, mientras que un **mal olor** es más probable que sea una advertencia de cosas malas.

OMBLIGO Ser consciente del ombligo, ya sea propio o ajeno, es ser consciente de la forma en que conectamos nuestro yo interior con el resto del mundo exterior. Es la forma en que el bebé en el útero toma conciencia por primera vez de su fisicalidad. En los sueños muchas veces necesitamos ser conscientes de nuestra imagen corporal, lo que nos ayudará a indicar la forma en que nos vemos a nosotros mismos y cómo encajamos en el mundo cotidiano.

ÓPERA Asistir a una ópera en sueños sugiere observar el "drama" de una situación que nos rodea (puede ser más apropiado observar que participar). **Participar en una ópera**, sin embargo, pone de manifiesto nuestra necesidad de algún tipo de aportación dramática a nuestras vidas.

OPERACIÓN - *ver también Hospital* Soñar con una operación puede significar que somos conscientes de nuestro miedo a la enfermedad y al dolor, pero también que reconocemos nuestra necesidad de curarnos.

ÓPTICO **Visitar a un óptico** en sueños puede indicar que no nos sentimos capaces de ver una situación con claridad y que, por lo tanto, necesitamos ayuda. También puede indicar que necesitamos desarrollar una nueva forma de ver las cosas.

ORACIÓN La oración sugiere la idea de que necesitamos buscar ayuda externa para nosotros mismos. Puede que necesitemos la autoridad de otra persona para tener éxito en lo que estamos haciendo.

ORÁCULO A la mayoría de nosotros nos gusta saber lo que nos va a pasar y también nos gusta que nos digan lo que tenemos que hacer, así que soñar con un oráculo nos vincula con la parte de nosotros mismos que sabe cuáles son nuestros próximos movimientos. A menudo un oráculo puede aparecer como una persona, por ejemplo como una diosa o un anciano sabio, o podemos soñar que estamos utilizando uno de los muchos sistemas de predicción que están disponibles en la vida cotidiana.

ORDEN Una orden representa el permiso de una autoridad superior, ya sea espiritual o física. Dependerá del tipo de orden judicial la acción que el soñador deba emprender. Por ejemplo, una **orden de registro** sugiere examinar los motivos de uno mismo, mientras que una **orden de arresto** indica que tenemos que dejar de llevar a cabo una acción determinada.

ORDENADOR En la actualidad, el ordenador está tan presente en la vida de las personas que la interpretación correcta de esta imagen depende en gran medida de otras circunstancias del sueño. Si uno **trabaja con ordenadores**, puede ser simplemente un medio para conseguir un fin, mientras que en otros casos será un recordatorio del potencial o las habilidades personales.

ORGANISTA - *ver también Orquesta* El organista representa la parte de nosotros que sabe aprovechar las distintas vibraciones de las que estamos formados. Cuando soñamos con esto, apreciamos el hecho de que, al igual que en una orquesta, las distintas notas que tocamos pueden armonizarse.

ÓRGANO - *ver también Instrumentos musicales* Los distintos órganos del cuerpo pueden representar los diferentes aspectos del yo, tanto debilidades como fortalezas. Un **órgano musical** tenderá a poner de relieve las opiniones y sentimientos del soñador acerca de la religión. En el argot, el órgano también puede sugerir el pene.

ORNAMENTO Soñar con ornamentación personal (*ver Collar y Joyas*) sugiere un intento de realzar algo que tenemos y valoramos, ya sean cualidades, sentimientos o ideas, pero que queremos hacer más valioso.

ORO El oro en sueños sugiere los aspectos mejores y más valiosos de nosotros mismos. **Encontrar oro** indica que podemos descubrir esas características en nosotros mismos o en los demás. **Enterrar oro** indica que intentamos ocultar algo –quizá información o conocimientos– que poseemos.

ORQUESTA - *ver también Música, Instrumentos musicales y Organista* Todos tenemos ciertos aspectos de nuestra personalidad que deben trabajar en armonía unos con otros para que funcionemos correctamente. Soñar con una orquesta representa la forma en que podemos reunir todos esos aspectos y formar un todo coherente.

ORTIGA Una ortiga en sueños sugiere que hay una situación difícil que habrá que evitar. Puede haber irritación, sobre todo si no estamos interactuando con los demás o con el entorno en el que nos encontramos. **Una parcela de ortigas** también podría sugerir dificultad en la comunicación si estamos en medio de ella; otros a nuestro alrededor pueden estar utilizando palabras o circunstancias para hacernos daño.

ORUGA La aparición de una oruga en un sueño suele indicar que estamos experimentando algún tipo de cambio importante. Puede que se nos esté advirtiendo de que tenemos que someternos a una metamorfosis completa: de lo que somos ahora a un potencial mayor.

OSCURIDAD Soñar que **estamos en la oscuridad** suele representar un estado de confusión o que nos encontramos en un territorio desconocido y difícil. Puede apuntar a una parte secreta de nosotros mismos o a una parte que aún no conocemos. Si en un sueño hay una sensación de oscuridad, puede indicar dificultad para ver o comprender las cosas desde un punto de vista externo. Puede haber negatividad de la que tenemos que ser conscientes para poder disiparla –para crear luz y claridad– y poder continuar con nuestras vidas.

OSO Un **oso vivo** en sueños indica agresividad, mientras que **uno muerto** representa el manejo de los instintos negativos más profundos. Soñar con un **oso de juguete**, es decir, un osito de peluche, muestra una necesidad infantil de seguridad.

OSTEÓPATA En sueños un osteópata significaría nuestra necesidad de manipular las circunstancias de nuestra vida hasta un punto en el que nos sintamos cómodos. Dado que un osteópata cura, su aparición en sueños sugiere preocupación por la salud y el funcionamiento del cuerpo.

OSTRA La ostra tiene fama de ser un alimento afrodisíaco. Por tanto, en sueños puede representar el acto sexual o todo lo relacionado con el sexo.

OTOÑO Si soñamos con el otoño, somos conscientes de que algo está llegando a su fin. Reconocemos que lo bueno de una situación puede incorporarse y aprovecharse, pero que el resto debe abandonarse.

ÓXIDO El óxido representa negligencia y abandono. No hemos cuidado adecuadamente la calidad de nuestras vidas y deberíamos intentar solucionar este descuido.

P: De Paisajes a Punto

PAISAJES El paisaje en un sueño puede ser parte integrante de la interpretación. Suele reflejar sentimientos y conceptos que tenemos y, por tanto, refleja nuestra personalidad. **Un paisaje rocoso** sugeriría problemas, mientras que **un paisaje sombrío** podría sugerir pesimismo y dudas sobre uno mismo. **Un paisaje recurrente** puede ser uno en el que en la infancia nos sentíamos seguros, o puede reflejar un sentimiento o una dificultad con la que no hemos sido capaces de llegar a un acuerdo. Los paisajes tienden a reflejar sentimientos habituales más que estados de ánimo momentáneos.

PAJA La paja en sueños pone de relieve la debilidad y el vacío. A menos que la imagen de la paja aparezca en una escena campestre, probablemente seamos conscientes de una fase pasajera, que tiene poco significado. Una **casa de paja**, al ser una estructura temporal, sugeriría la presencia de un estado de impermanencia en nuestras vidas.

PÁJAROS Los pájaros en sueños suelen representar la libertad, la imaginación, los pensamientos y las ideas que, por naturaleza, necesitan libertad para poder hacerse patentes. El hombre ha estado fascinado por los pájaros y el vuelo desde la antigüedad. Se creía que las aves eran vehículos para el alma y que tenían la capacidad de llevar el alma al cielo. Por ello, a menudo se les atribuían poderes mágicos y místicos.

PALA Una pala en un sueño significará la necesidad de excavar en experiencias pasadas en busca de información. Es posible que necesitemos descubrir una alegría o un trauma del pasado, o incluso una experiencia de aprendizaje. El tipo de pala será relevante. Una **pala de jardín** sugeriría ser totalmente pragmático, mientras que una **pala de fuego** indicaría la necesidad de tener cuidado.

PALABRA Cuando en sueños somos conscientes de que se repite una palabra, lo significativo puede ser tanto el sonido como el significado.

PALMERA Ver una palmera en sueños suele estar relacionado con el descanso y la relajación.

PAN - *ver también Comida* El pan nos conecta con nuestra necesidad de satisfacción emocional y biológica básica. **Compartir pan** representa nuestra capacidad de compartir. En sueños, los panes pueden representar nuestra necesidad de alimento.

PANADERO - *ver también Horno* Soñar con un panadero nos alerta sobre la capacidad que todos tenemos en nuestro interior de modificar nuestro enfoque o actitud ante las situaciones de nuestra vida.

PAPA A menudo, encontrarse con el Papa en un sueño es encontrarse con la parte de nosotros mismos que ha desarrollado un código de conducta basado en nuestras creencias religiosas. Puede ser benigno o crítico, dependiendo de cómo se haya presentado la figura del Papa en la infancia.

PAPEL El papel es una de esas imágenes oníricas cuyo significado depende de las circunstancias de la vida del soñador. Por ejemplo, en la vida de un **estudiante**, el papel sugeriría la necesidad de prestar especial atención a sus estudios;

mientras que en la vida de un **cartero** podría indicar ansiedades laborales; y el **papel de regalo** podría indicar la necesidad o la posibilidad de una celebración.

PAPEL PINTADO Estar **quitando papel pintado en sueños** sugiere despojarse de la vieja fachada para crear una nueva imagen. **Colocar papel pintado** significa cubrir el antiguo yo (posiblemente de forma superficial), sobre todo si no se retira el papel pintado antiguo.

PAQUETE - *ver también Dirección* **Cuando recibimos un paquete** en sueños, nos estamos dando cuenta de algo que hemos experimentado pero que no hemos explorado. En esta fase, no sabemos exactamente cuál es el potencial del regalo, pero podemos descubrirlo explorándolo. **Cuando enviamos un paquete**, estamos enviando nuestra energía al mundo.

PARACAÍDAS Soñar con un paracaídas sugiere que, independientemente de lo que nos ocurra en la vida real, contamos con una protección que nos permitirá salir adelante. También puede indicar que somos capaces de enfrentarnos a nuestras ansiedades y salir airosos, al menos en parte.

PARAGUAS Un paraguas simboliza la necesidad de refugio y santuario.

PARAÍSO Soñar con el Paraíso es enlazar con la capacidad innata del soñador para ser perfecto. Podemos experimentar una armonía total en nuestro interior y ser totalmente inocentes.

PARÁLISIS - *ver Inmovilidad*

PARÁSITOS Los parásitos, como piojos, pulgas o chinches, en un sueño sugieren que podemos ser conscientes de que alguien está intentando vivir de nuestra energía de alguna manera. Nuestro estilo de vida puede parecerles excitante y más interesante que el suyo o proporcionarles diversión.

PARES La mente inconsciente parece ordenar la información comparando y contrastando. Especialmente cuando somos conscientes de un conflicto en nuestro interior, podemos soñar en parejas (por ejemplo, viejo/joven, masculino/femenino, inteligente/estúpido). Es casi como si existiera una especie de péndulo interno que acaba por ordenar los opuestos en un todo unificado.

PARTIDO Pertenecer a un partido político indicaría que estamos dispuestos a defender nuestras creencias y que nos hemos comprometido con una forma de vida particular.

PASAJE **Pagar un pasaje** en un sueño es reconocer el precio que se paga para tener éxito. Una **tarifa de taxi** implicaría un proceso más privado que una **tarifa de autobús**.

PASAPORTE El pasaporte se suele llevar para demostrar la identidad. En la vida de vigilia, podemos tener dificultades para mantener una buena imagen de nosotros mismos y, en sueños, podemos tranquilizarnos presentando un pasaporte.

PASTILLA Para la mayoría de las personas, tomar una pastilla sugiere hacer algo para sentirse mejor. En sueños, tomar una medida de este tipo significará someternos a una experiencia que necesitamos para mejorar nuestro rendimiento o potencial.

PATADA Soñar que **se da una patada a alguien** permite a menudo expresar la agresividad de un modo que no sería aceptable en la vida de vigilia. Soñar que **te dan una patada** pone de manifiesto una propensión a ser víctima.

PEDESTAL Cuando en un sueño somos conscientes de que algo ha sido colocado sobre un pedestal, es evidente que hemos intentado hacer de ello algo especial. Lo hemos elevado a una posición de poder.

PEGAR El acto de pegar a algo o a alguien en un sueño representa nuestra necesidad de poder mediante nuestra agresividad y fuerza bruta.

PEINE Un peine pone de relieve la necesidad de ordenar algo en nuestras vidas. Necesitamos ordenar nuestros pensamientos.

PELEA Soñar que **discutimos con alguien** indica un conflicto interior. Que **un hombre discuta con una mujer, o viceversa**, significa un conflicto entre el impulso y la intuición. **Pelearse con la autoridad**, por ejemplo con la policía, indica un conflicto entre lo correcto y lo incorrecto.

PELIGRO Cuando en sueños nos encontramos en circunstancias peligrosas, a menudo estamos reflejando las angustias y dilemas de la vida cotidiana. Podemos ser conscientes de que nuestras actividades podrían perjudicarnos si continuamos de la misma manera.

PELOTA Una pelota conecta con nuestro lado más juguetón e infantil y con nuestra necesidad de expresarnos con libertad. **Regatear con la pelota** (como en un baile) también sugiere una necesidad de libertad, pero enlaza con el lado más extravagante de nosotros mismos.

PELUCA Antiguamente, cubrirse la cabeza se consideraba una forma de ocultar el intelecto, de dar una falsa impresión o de indicar sabiduría y autoridad. La **peluca de un juez** puede sugerir todo esto. Un **peluquín o tupé** pone de relieve ideas falsas o una actitud poco natural.

PELUQUERO En sueños, el peluquero puede aparecer como la parte de nosotros mismos que se ocupa de la propia imagen y de cómo nos sentimos con nosotros mismos. Tal vez necesitemos plantearnos cómo podemos cambiar nuestra imagen.

PEPITA La mayoría de las veces una pepita está hecha de oro y, por lo tanto, representa la mejor parte de una situación.

PERDER **Haber perdido algo** en un sueño puede significar que hemos olvidado asuntos que podrían ser importantes. Puede tratarse de una oportunidad, un amigo o una forma de pensar que antes nos sostenía. **Sufrir una pérdida** sugiere que una parte de nosotros mismos, o de nuestra vida, ha muerto y debemos aprender a arreglárnoslas sin ella.

PEREGRINO / PEREGRINACIÓN Cuando emprendemos una peregrinación en un sueño, estamos reconociendo el lado dirigido y decidido de nuestra personalidad. Tenemos una meta en la vida, cuyo logro puede requerir fe.

PERENNIFOLIOS Soñar con árboles de hoja perenne puede representar la necesidad de vitalidad y frescura, de juventud y vigor, y a veces de limpieza.

PERFUME - *ver también Olor y Olfato* Cuando soñamos que olemos un perfume, a menudo nos evocan recuerdos particulares. Los olores pueden ser muy evocadores y es posible que necesitemos recuperar una emoción determinada asociada a ese perfume concreto.

PERGAMINO Hoy en día, un pergamino representa el reconocimiento de un proceso de aprendizaje (por ejemplo, el pergamino que se entrega a los estudiantes que se gradúan). La interpretación exacta dependerá de las circunstancias. Estamos refrendando nuestros propios conocimientos o la información que se nos ha dado, para que podamos mejorar nuestras vidas.

PERIÓDICO Un periódico en sueños suele sugerir conocimientos que están a disposición del público, tal vez información que necesitamos para comprender el mundo que nos rodea o algo que nos es propio. Un **periódico sensacionalista** puede sugerir material sensacionalista, mientras que un **periódico de gran tirada** sugeriría datos mejor investigados. Un **periódico dominical** puede sugerir que tenemos la capacidad de asimilar los conocimientos que necesitamos en periodos de descanso y relajación. Un **periódico local** significa que los datos que necesitamos están cerca.

PERRO - *ver también Animales* Soñar con un perro depende de si se trata de uno conocido (como una mascota de la infancia) –cuando puede representar recuerdos felices– o si es **desconocido** para nosotros, lo que puede significar las cualidades de lealtad y amor incondicional asociadas a los perros.

PERSEGUIDO Soñar que **nos persiguen o que intentamos escapar** es frecuente; normalmente intentamos huir de la responsabilidad, de nuestra propia sensación de fracaso, del miedo o de otras emociones que no podemos manejar.

PERSONAS FAMOSAS / ESTRELLAS DE CINE En sueños, una estrella de cine, del pop o un personaje público representará su ideal. Una persona joven que sueña con una estrella de cine puede no estar preparada para la responsabilidad de una relación real.

PERSONAS Las personas que aparecen en sueños son los personajes con los que escribimos nuestras "obras" oníricas. A menudo aparecen simplemente como ellos mismos, sobre todo si son personas que conocemos o con las que tenemos una relación en el aquí y ahora. Podemos introducirlos para destacar una cualidad o característica específica. También podemos introducirlos en nuestro escenario onírico como proyecciones de nuestra vida interior o nuestro estado de ánimo. Por último, pueden significar a alguien que es más importante que el soñador.

PERSONAS MUERTAS Las personas muertas que hemos conocido y que aparecen en sueños suelen remitirnos a emociones fuertes que hemos tenido en relación con esas personas, ya sean negativas o positivas. Por ejemplo, es posible que aún tengamos rabia o culpa sin resolver, y la única forma que tenemos de afrontarlo es en una secuencia onírica.

PESAR **Pesar algo en sueños** significa evaluar su valor. Esta imagen conecta con el cálculo de nuestras necesidades y de lo que tiene valor para nosotros, ya sea material o espiritual.

PESCADOR Un pescador en un sueño representará a menudo a un proveedor, o quizá valentía, como en el caso de un pescador de **aguas profundas**, mientras que un pescador de **agua dulce** puede indicar la necesidad de descanso y recuperación.

PESO Experimentar un peso en sueños significa ser conscientes de nuestras responsabilidades. También puede sugerir que debemos evaluar la importancia y la seriedad de lo que estamos haciendo.

PEZ Soñar con peces conecta con nuestro lado emocional, pero sobre todo con nuestra capacidad de ser sabios sin ser estratégicos. A menudo podemos responder instintivamente a lo que ocurre, sin necesidad de analizarlo.

PIANO La aparición del piano en un sueño es un símbolo de nuestra propia creatividad. Al igual que en la vida cotidiana necesitamos aprender y practicar a tocar el piano, también necesitamos aprender y practicar a utilizar nuestra creatividad.

PIEDRA Soñar con piedra puede sugerir estabilidad y durabilidad, pero también pérdida de sensibilidad. **Tallar una piedra** significa intentar crear un monumento duradero.

PILAR Un pilar puede ser un símbolo fálico, pero también puede referirse a la estabilidad, a la capacidad de mantenerse firme ante las dificultades. En sueños, descubrir que somos **un pilar de la comunidad** sugiere que deberíamos responsabilizarnos más de nuestros actos.

PINTURA **Estar pintando** en un sueño puede alertarnos sobre talentos creativos (¡no necesariamente la pintura!) que tal vez no nos hayamos dado cuenta de que poseemos en la vida de vigilia. **Mirar cuadros** en sueños indica que estamos cuestionando o prestando atención a ideas de las que antes no éramos conscientes. **Pintar, como en la decoración**, sugiere que estamos haciendo cambios reconocibles en nuestra forma de pensar y sentir.

PINTURA ARTÍSTICA Una pintura en un sueño suele ser una ilustración de algo que forma parte de nuestra vida. Dependerá de si es **una pintura o una copia de**

otro cuadro, en cuanto a la interpretación. Por ejemplo, en un sueño, **un cuadro que hemos pintado** puede tener más impacto emocional que **un Viejo Maestro** (un Viejo Maestro también puede sugerir nuestra actitud hacia el pasado).

PINZAS Soñar con pinzas sugiere que necesitamos observar una situación en detalle. Si se capta adecuadamente este detalle, se pueden lograr muchas cosas buenas.

PIÑA DE PINO Si la piña no tiene una conexión personal para el soñador –como un recuerdo de la infancia–, denotará fecundidad y buena fortuna.

PIPA Desde un punto de vista puramente práctico, una pipa puede simbolizar muchas cosas. Una **pipa de agua** puede dar información sobre cómo podemos manejar nuestras emociones (el tamaño y el tipo en este caso serán significativos). Una **pipa de tabaco** puede sugerir una vía de escape, mientras que una **pipa musical** indica nuestra conexión con el ritmo de la vida.

PIRÁMIDE A nivel físico, una pirámide es un edificio maravilloso. A nivel mental, es una estructura de regeneración. En el plano espiritual, es un guardián y un foco de poder. Dependerá del nivel de conciencia del soñador qué interpretación es válida.

PISCINA - *ver también Agua* Soñar con una piscina tiene que ver con nuestra necesidad de comprender nuestras propias emociones y sentimientos internos. **Una piscina en un bosque**, por ejemplo, sugeriría la capacidad de comprender nuestra propia necesidad de paz y tranquilidad. **Una piscina urbana** podría significar nuestra necesidad de estructura en nuestras relaciones con los demás, mientras que **una piscina en la carretera** sugeriría un problema emocional que hay que superar antes de llevar a cabo nuestros planes.

PISTOLA - *ver también Armas* En sueños, la pistola tiene una evidente connotación masculina y sexual. **Si una mujer dispara un arma**, es consciente del lado masculino y agresivo de su personalidad. **Si le disparan**, tal vez se sienta amenazada por signos manifiestos de agresividad o sexualidad.

PLAGA Soñar con una plaga generalmente pone de manifiesto algún desequilibrio interno en nosotros mismos. Puede tratarse de algo físico, emocional, mental y/o espiritual por lo que nos sentimos abrumados, como ocurrió con la plaga de langostas relatada en la Biblia.

PLAGA DE LANGOSTAS La imagen de una plaga de langostas es tan fuerte en el pensamiento occidental que incluso en sueños ha llegado a representar el castigo por alguna falta.

PLANETAS Soñar con planetas es vincularse con las energías sutiles que nos rodean y que tienen un efecto en nuestras vidas, aunque no sea de forma consciente.

PLANTAS - *ver también Malas hierbas* Debido al proceso de crecimiento y descomposición por el que pasan las plantas de forma natural, son un símbolo del cambio progresivo. Si las plantas de nuestro sueño **están cultivadas**, debemos ser conscientes de nuestra capacidad para cultivar el potencial. **Si están muriendo**, puede que hayamos llegado a una etapa en la que ya no hay más ventajas dentro de una determinada situación.

PLATA Desde un punto de vista práctico, la aparición de plata en un sueño sugiere finanzas o dinero. La plata es algo de valor que puede mantenerse en reserva frente a posibles dificultades.

PLÁTANO - *ver también Comida y Fruta* La mayoría de los sueños con frutas tienen que ver con la sexualidad o la sensualidad. Convencionalmente, el plátano, por su forma, significa el pene. Sin embargo, también se considera que, por su naturaleza blanda, representa el manejo de la sexualidad masculina.

PLATO Un plato puede ser sencillo o adornado. En sueños, la interpretación dependerá de este hecho. **Un plato sencillo** indicará la necesidad de sencillez en

nuestra vida, mientras que **uno más adornado** puede sugerir la necesidad de celebración. **Si sostenemos el plato**, somos conscientes de lo que hemos recibido de otras personas. **Si el plato nos lo da otra persona**, nos está ofreciendo algo que le pertenece, pero que ahora podemos compartir.

PLAYA Estar en una playa muestra nuestra conciencia de la frontera entre emoción y realidad, nuestra capacidad para estar en contacto con los elementos.

PLOMO (METAL) La explicación convencional de la aparición de plomo en un sueño es que tenemos una situación a nuestro alrededor que es una carga para nosotros. No estamos afrontando la vida como quizá deberíamos, y eso nos está dejando con el corazón encogido.

PLUMA Las plumas en un sueño podrían denotar suavidad y ligereza, tal vez un enfoque más suave de una situación. Es posible que necesitemos mirar la verdad dentro de la situación particular y reconocer que necesitamos ser más tranquilos en lo que estamos haciendo.

PLUMAGE El plumaje que nos llama la atención en un sueño a menudo puede significar una muestra de poder y fuerza. También puede ser una señal de desafío; tenemos que mantenernos firmes y mostrar nuestros colores, por así decirlo.

POBREZA Experimentar la pobreza en un sueño pone de relieve la sensación de estar privados de la capacidad de satisfacer nuestras necesidades básicas. Podemos sentirnos inadecuados, ya sea emocional o materialmente. A menudo necesitamos volver a lo básico para descubrir cuáles son nuestras verdaderas necesidades.

POLILLA La polilla se asocia en gran medida con la noche y, por tanto, conecta con el lado oculto de nuestra naturaleza. Además, como la polilla puede ser autodestructiva cuando hay luz alrededor, tiende a simbolizar nuestro yo onírico y el lado más pasajero de nuestra personalidad.

POMO Soñar con un pomo, como el de una puerta, puede indicar algún punto de inflexión en la vida de una persona.

PORRA Si el sueño es con una porra de policía, puede representar autoridad.

POSICIÓN Cuando en un sueño se destaca una determinada posición, suele significar nuestro punto de vista moral, o nuestra posición en la vida. También puede dar una indicación de cómo estamos manejando las situaciones de nuestra vida. Por ejemplo, **algo en una posición incorrecta** significa que estamos haciendo las cosas de forma equivocada.

POSTE La interpretación del poste dependerá de cómo se utilice en el sueño. Puede verse como una expresión de la fuerza vital, pero también como una fuerza estabilizadora, un punto de reunión o un mecanismo de apoyo.

POSTURAS El lenguaje corporal es un aspecto importante en los sueños. Los personajes de nuestros sueños pueden desarrollar movimientos o posturas exageradas para resaltar cierta información que debemos reconocer.

POZO - *ver también Abismo* Mucha gente habla del pozo de la desesperación y de sentirse atrapado en una situación. Un pozo en sueños nos hace más consciente de este sentimiento particular. Es posible que nos encontremos en una situación de la que no podemos salir o que, si no tenemos cuidado, nos veamos abocados a ella. Si **estamos cavando un pozo** en el sueño, tenemos que ser conscientes de que podemos estar creando la situación nosotros mismos. Si son **otros los que cavan** el pozo, podemos sentir que no tenemos control sobre nuestras circunstancias y que la fatalidad y el desastre son inevitables. Un pozo es una forma de evaluar los recursos más profundos de emoción que tenemos. Si hay algún problema con el pozo, por ejemplo, no podemos llegar al agua, no somos capaces de ponernos en contacto con nuestros mejores talentos.

PRECIPICIO El miedo al fracaso suele estar representado en sueños por un precipicio. **Salir de un precipicio** representa asumir riesgos, ya que desconocemos el resultado de nuestra acción. **Intentar escalar un precipicio** es hacer un gran esfuerzo para superar los obstáculos que han surgido.

PREGUNTA Formular preguntas en un sueño indica cierto grado de inseguridad en sí mismo. **Que alguien le haga preguntas al soñador** indica que éste es consciente de que tiene algún conocimiento que compartir. **Si la pregunta no puede responderse**, es posible que el soñador tenga que buscar la respuesta por sí mismo en la vida de vigilia.

PREMIO En sueños **ganar un premio** es haber conseguido superar nuestros propios obstáculos. También significa que otras personas nos reconocen el esfuerzo que hemos hecho para conseguirlo. **Regalar premios** sugiere que estamos reconociendo públicamente los esfuerzos que otros han hecho.

PRESA - *ver también Agua* Cuando soñamos con una presa, es posible que estemos reprimiendo nuestras emociones y nuestro impulso o, por el contrario, que estemos intentando impedir que se produzca el arrebato emocional de otra persona. Estar **construyendo una presa** indica que probablemente estemos erigiendo defensas, mientras que si una **presa está reventando** podemos sentir que no tenemos control sobre las situaciones emocionales.

PRÉSTAMO Si en un sueño **estamos prestando un objeto a alguien**, somos conscientes de que la cualidad que ese objeto representa no se puede regalar, pero que podemos compartirlo. Si **alguien nos presta un objeto**, quizá no seamos lo suficientemente responsables como para poseer lo que representa a tiempo completo. A la inversa, puede que sólo lo necesitemos por poco tiempo.

PRESUPUESTO Dar un presupuesto –como en un **presupuesto de construcción**– puede significar el valor que damos a nuestros servicios o talentos. Podemos tener dificultades con la exactitud –o la aceptación– del presupuesto y, por lo tanto, en la vida de vigilia, tendremos que reconsiderar no sólo la imagen que tenemos de nosotros mismos, sino también cómo creemos que nos ven los demás.

PRIMAVERA La primavera en sueños puede sugerir un nuevo crecimiento u oportunidades. Tal vez haya un nuevo comienzo en una relación.

PRISA Tener prisa sugiere que tenemos que hacer frente a presiones.

PRISIÓN - *ver también Llave y cerradura* La prisión, en sueños, representa las trampas que nos creamos en la vida. Podemos pensar que las circunstancias externas nos complican la vida, pero en realidad a menudo somos nosotros mismos quienes las creamos, ya sea a nivel emocional, material o espiritual.

PROCESIÓN Una procesión significa un acercamiento ordenado y a menudo supone una declaración de intenciones. En un sueño, ver **una fila de personas** que parecen tener un objetivo o unas creencias similares, indica que lo importante es la intención del grupo. A menudo, una procesión es jerárquica, con las personas más importantes en primer o último lugar. Esto podría ser importante en un sueño para permitirnos adoptar prioridades para nosotros mismos.

PROFESOR - *ver también Educación y Escuela* Para muchas personas, un profesor es la primera figura de autoridad que conocen fuera de la familia. Esa persona tiene un profundo efecto en el niño, y a menudo se sueña con el profesor en años posteriores. Los profesores también pueden generar conflictos si sus puntos de vista expresados son muy diferentes de los aprendidos por el niño en casa.

PROFUNDO Cuando soñamos con lo profundo solemos tener en cuenta influencias familiares pasadas de las que quizá no seamos conscientes.

PUBLICIDAD Dependiendo del contenido del sueño, esto indica áreas de nuestra vida que necesitan ser reconocidas. Por ejemplo, un **anuncio en una valla publicitaria** puede significar una forma de trabajar en el mundo, mientras que un **anuncio de televisión** puede representar una forma de pensar.

PÚBLICO Si en un sueño nos encontramos **frente a un público**, es probable que tengamos que tratar un asunto importante en nuestras vidas. Si estamos **entre el público** estamos presenciando una emoción o un proceso de cambio en nosotros mismos.

PUENTE El puente es una de las imágenes más frecuentes en los sueños y casi siempre indica el paso de una fase de la vida a otra. El puente puede representarse como débil o fuerte, resistente o no, lo que da una indicación de la fuerza de conexión necesaria para realizar cambios en la vida del soñador.

PUERTA Soñar con una puerta suele significar algún tipo de cambio, a menudo de conciencia. Estamos atravesando un umbral en nuestras vidas, quizás probando algo diferente o pasando de una fase de la vida a otra.

PULGAS Las pulgas son una irritación, y en sueños significan precisamente eso: un símbolo de que puede haber personas o situaciones en nuestra vida que nos están causando dificultades, o que sentimos que son parásitos, y de las que necesitamos pasar por un proceso de descontaminación para liberarnos de ellas.

PULPO Como el pulpo tiene ocho patas, indica que podemos vernos arrastrados hacia algo que nos da miedo y de lo que no podemos escapar.

PULSO El pulso es un ritmo esencial para la vida. Ser consciente del pulso durante el sueño puede indicar algún tipo de ansiedad. En sueños, esto puede traducirse en un ritmo externo. También puede haber preocupaciones de salud.

PUNTA (FORMA) Cualquier cosa puntiaguda se refiere normalmente a la sexualidad masculina.

PUNTO ser consciente del punto de decisión es llegar a la resolución de que ahora hay que actuar para que se produzca el cambio.

Q: De Quieto a Químico

QUIETO Tomar conciencia de lo tranquilo que se está en un sueño muestra que necesitamos dejar de estar activos durante un tiempo, tal vez para restablecer nuestro equilibrio emocional o espiritual.

QUÍMICO Soñar con un químico es enlazar con esa parte de nosotros mismos que es capaz de alterar nuestra forma de ser. Estamos en contacto con la sabiduría –que es inherente a todos nosotros– sobre el Ser.

R: De Radar a Ruinas

RADAR El radar en un sueño representa nuestra facultad intuitiva personal. Es nuestra forma de captar mensajes y señales sutiles que emiten otras personas, a menudo a nivel subliminal.

RADIANTE Cuando algo aparece como radiante en un sueño se está señalando como poseedor de algún tipo de cualidad especial que quizá debamos explorar más a fondo.

RADIO Como método de comunicación, una radio sugiere información que está al alcance de todos y, por lo tanto, es ampliamente comprendida. **Soñar que se oye una radio** sugiere una forma de conexión con el mundo exterior. El contexto del sueño dará una explicación más amplia del significado exacto.

RAMO DE FLORES Recibir un ramo de flores en sueños significa que reconocemos nuestras capacidades, pero también que esperamos que los demás las reconozcan. **Regalar un ramo** a otra persona indica que reconocemos plenamente sus cualidades positivas.

RANA - *ver también Animales* Mucha gente asocia la rana con un patrón de crecimiento visible que refleja el crecimiento hasta la madurez del ser humano. En sueños, ver una rana en una fase concreta de su crecimiento representa el sentimiento que tenemos de nosotros mismos. Por ejemplo, verla en la fase en la que le han crecido las patas traseras sugiere que somos capaces de avanzar a pasos agigantados.

RAYO Un rayo en sueños denota cambios inesperados que pueden derribar las estructuras que hemos construido como salvaguarda en nuestras vidas. Alternativamente, es posible que tengamos que hacer cambios en nuestra forma de pensar, pero dejando intactas nuestras estructuras y relaciones cotidianas. Los relámpagos también pueden indicar una fuerte pasión, como el amor, que puede surgir de repente y tener efectos devastadores.

RAYOS X Soñar con rayos X puede significar que hay algo que influye en la vida del soñador a nivel inconsciente y que necesita ser revelado. **Si el soñador está realizando la radiografía** puede ser necesario profundizar en una situación. También puede haber miedo a la enfermedad, ya sea en uno mismo o en los demás.

REBAÑO Soñar con un rebaño –por ejemplo de **ovejas**– es reconocer la necesidad de pertenecer a un grupo, de tener un objetivo o una forma de ser común.

RED / ENREDADO Una red en sueños suele indicar que nos sentimos atrapados y enredados en un plan o situación.

REFLECTOR - *ver también Luz* Un reflector en sueños significa atención y concentración. **Si el reflector se dirige hacia nosotros**, debemos reflexionar sobre nuestros actos y nuestro comportamiento.

REFLEJO - *ver también Espejo* Un reflejo visto en sueños tiene mucho que ver con la forma en que nos vemos a nosotros mismos en ese momento concreto. Si el **reflejo** es en un espejo, nuestra imagen será quizás más "sólida", mientras que si se ve en el agua será más pasajera. La historia de Narciso y el modo en que se enamoró de sí mismo (o más bien de su propia imagen) es una advertencia para todos nosotros contra la adoración de uno mismo.

REFUGIO Cualquier refugio significa protección. El ser humano es consciente de la necesidad de un espacio seguro, y este simbolismo aparece en sueños con bastante fuerza. Las imágenes utilizadas pueden ser desde una concha de caracol hasta un paraguas. Por lo general, los sueños sobre refugios ponen de manifiesto nuestras necesidades o inseguridades.

REGALO/PRESENTE Cuando aparece un regalo en un sueño, puede tratarse en primer lugar de un juego de palabras. Se nos regala un "aquí y ahora". Se nos está recordando que vivamos el momento, y no el pasado o el futuro. Un regalo también puede indicar un talento. Si **recibimos un regalo**, se nos quiere, se reconocen nuestras capacidades y nos beneficiamos de esa relación. Si **estamos dando un regalo**, apreciamos que tenemos características que somos capaces de ofrecer a otras personas. **Un montón de regalos** en sueños puede significar talentos y habilidades aún no reconocidos. **Si los regalos indican alguna fecha** –por ejemplo, regalos de cumpleaños–, podemos esperar algún éxito en esa fecha.

REÍRSE Reírse de nosotros en sueños sugiere que podemos tener miedo a hacer el ridículo o que hemos hecho algo que nos parece vergonzoso o inapropiado. También puede considerarse una señal de rechazo.

RELOJ En gran medida, cuando aparece un reloj en un sueño se nos está alertando del paso del tiempo. Puede que necesitemos prestar más atención a nuestro propio sentido del tiempo, o puede que necesitemos reconocer que hay urgencia en lo que estamos haciendo. Soñar con algo que mide el tiempo suele alertarnos de la necesidad de medir nuestros pensamientos y actividades. Cuando el símbolo es anticuado, como el reloj de arena, nuestra percepción del tiempo y de su gestión también puede ser anticuada. Necesitamos utilizar formas diferentes y más precisas de medir esas actividades.

REMO El remo es una herramienta que permite a una embarcación avanzar con éxito, pero su uso requiere cierta destreza. Así pues, representa nuestro propio conjunto de habilidades personales. Tenemos ciertas habilidades que nos ayudan a "navegar" por nuestras vidas.

REMOLINO/TORBELLINO Ambas imágenes son símbolos del vórtice, una representación de la vida y la energía natural. Cuando aparecen en sueños somos conscientes de la cualidad de poder que tenemos en nuestro interior. El remolino representará más propiamente la energía emocional, mientras que el torbellino sugerirá el poder intelectual.

RENACUAJO Soñar con renacuajos está relacionado con la conciencia de la simplicidad de la vida. Somos conscientes de que hay crecimiento, pero o bien nosotros, o bien otra persona, aún no ha alcanzado la plena madurez.

RENUNCIAR En sueños renunciar significa abandonar. Soñar que **renunciamos al trabajo** significa que somos conscientes de que se avecinan cambios importantes en nuestra vida. Tal vez necesitemos analizar nuestra vida y acostumbrarnos a la idea de que hay ámbitos en los que no necesitamos estar. **Estar resignado a algo** sugiere que hemos aceptado el statu quo en nuestras vidas.

REPTILES - *ver también Animales* Los reptiles en sueños están relacionados con nuestras respuestas instintivas básicas. Cuando existe un impulso básico, como la necesidad de comida, sexo, etc., a veces no podemos afrontarlo de lleno en un sueño, sino que lo simbolizamos como un reptil.

RESCATE **Ser rescatado** en sueños es una imagen poderosa, ya que nos deja en deuda con nuestro salvador. **Rescatar a otra persona** suele sugerir que deseamos mantener una relación con ella.

RESIDUOS Los residuos en sueños significan materia o información que ya no necesitamos y que, por tanto, podemos tirar. Los residuos también pueden sugerir un mal uso de los recursos; por ejemplo, en un principio, podemos estar utilizando demasiada energía en un proyecto concreto.

RESPIRACIÓN Ser consciente de la **propia respiración** en un sueño indica una profunda conexión con el proceso de la vida. Ser consciente de la **respiración de otra persona** indica la necesidad de empatía y comprensión con esa persona.

RESTAURANTE Soñar con un restaurante o una cafetería sugiere necesidad de compañía. Podemos tener miedo de estar solos, pero también de permitir que alguien se adentre demasiado en nuestro espacio privado. Este espacio público permite el contacto pero, al mismo tiempo, podemos controlar nuestro propio nivel de intimidad.

RETROCESOS Soñar que retrocedemos indica que podemos estar retirándonos de una situación o que somos lentos para aprender de ella. Es posible que tengamos que reconocer que continuar en una situación determinada detendrá nuestro progreso.

RIENDAS - *ver también Arnés* En sueños, las riendas, como forma de restricción, indican la necesidad de controlar el poder y la energía que tenemos.

RIGIDEZ La rigidez en sueños sugiere la presencia de ansiedad o tensión. Hay una retención de energía que provoca rigidez.

RÍO - *ver también Agua* Soñar con un riachuelo sugiere la conciencia del flujo de nuestras emociones. **Estar en un arroyo** sugiere estar en contacto con la propia sensualidad.

RIQUEZA - *ver también Dinero* Soñar con ser rico es soñar con tener las cosas que necesitamos en abundancia. Es posible que hayamos pasado por un período en el que nos hemos esforzado mucho, lo que significa que soñar con tener mucha riqueza indica que hemos conseguido lo que nos habíamos propuesto.

RITUAL Los rituales pueden ir de lo "sublime a lo ridículo". Son acciones que se repiten una y otra vez para conseguir un determinado resultado.

ROBAR - *ver también Ladrón* Soñar con **robar** sugiere que nos llevamos algo sin permiso. Puede tratarse de amor, dinero u oportunidades. Si **alguien nos roba**, podemos sentirnos engañados. Si **nos roba alguien que conocemos**, tendremos que decidir hasta qué punto confiamos en esa persona. Si **nos roba alguien que no conocemos**, es más probable que sea una parte de nosotros mismos en la que no confiamos. Si **formamos parte de una banda de ladrones**, debemos tener en cuenta la moral del grupo al que pertenecemos.

ROCA Soñar con una roca sugiere estabilidad en el mundo real. Si pisamos **terreno firme** podremos sobrevivir. También podemos ser conscientes de que debemos ser firmes y mantenernos "como una roca" y no dejarnos disuadir de nuestro propósito. La **roca junto al mar** puede recordarnos tiempos más felices y despreocupados.

ROCIAR Rociar como símbolo en sueños sugiere un intento de hacer que con poco se consiga mucho. Tal vez necesitemos sacar lo mejor de las situaciones que nos rodean, poniendo un poco de empeño en muchas cosas.

ROCÍO El rocío o la suave lluvia que cae en un sueño puede representar una sensación de novedad y refresco que quizá no hayamos podido obtener, salvo de una fuente externa.

ROPA La ropa que vestimos en un sueño puede representar a menudo la fachada, o personaje, que creamos para los demás. Tenemos ciertos papeles que adoptamos en respuesta a las reacciones de los demás. La ropa que llevan los demás en nuestros sueños también puede servir de escenario para representar algunos de los enfrentamientos que tienen lugar.

ROSA La rosa en sueños tiene un gran simbolismo. Representa el amor y la admiración, y también puede sugerir fertilidad y virginidad.

ROSTRO Concentrarse en el **rostro de otra persona** en un sueño es un intento de comprender la personalidad externa. Mirar **nuestro propio rostro** puede significar que estamos intentando aceptar nuestra forma de expresarnos en el mundo cotidiano. Cuando el **rostro está oculto**, estamos ocultando nuestro propio poder o negándonos a reconocer nuestras propias capacidades.

ROTURA Soñar que algo se rompe simboliza pérdida o daño. Si se **rompe un objeto favorito**, debemos hacer cambios y romper con el pasado. Si se **rompe un miembro**, es posible que no podamos avanzar o llevar a cabo una determinada acción.

RUEDA Una rueda en un sueño indica la capacidad y la necesidad de realizar cambios para avanzar hacia el futuro sin desviarse del rumbo.

RUINAS Cuando **algo está en ruinas** tenemos que descubrir si es por abandono o por vandalismo. Si es lo primero, la sugerencia es que debemos unir las cosas. Si es esto último, debemos analizar cómo nos estamos haciendo vulnerables.

S: De Sacrificios a Susurros

SACRIFICIOS Sacrificar puede significar renunciar a algo y también convertir algo en sagrado o santo. Cuando estas dos cosas son posibles en un sueño, el soñador está dispuesto a renunciar a su ego o a su individualidad en aras de algo más grande o más importante que él. A menudo, el sacrificio se debe a creencias apasionadas, a menudo de origen religioso.

SAL En sueños, la sal pone de relieve las sutiles cualidades que aportamos a nuestras vidas, las cosas que hacemos para mejorar nuestro estilo de vida. Se ha sugerido que si se eliminara el agua del cuerpo humano quedarían suficientes minerales y sal para cubrir una moneda de cincuenta peniques. Dirigimos la mayor parte de nuestras vidas a través de nuestras emociones, pero los aspectos más sutiles son igual de importantes.

SALARIO El salario se paga normalmente a cambio del trabajo realizado. En sueños, **recibir un salario** significa que hemos hecho un buen trabajo. **Pagar un salario a alguien** significa que le debemos algo. **Recibir un paquete salarial** sugiere que nuestro valor está ligado a otras cosas, como la lealtad y el deber.

SALIR - *ver también Viaje* Salir de una situación conocida, como salir de casa, indica una ruptura con los patrones de comportamiento antiguos o habituales. Es posible que tengamos que darnos la libertad de ser independientes.

SALMÓN El salmón significa abundancia y masculinidad y es fálico. En su lucha por aparearse nadando río arriba, también puede simbolizar el esperma. A menudo, un salmón puede aparecer **en el sueño de una mujer** como símbolo de su deseo de embarazo.

SALTAMONTES El saltamontes es un símbolo de libertad y capricho, y en los sueños a menudo puede indicar una apuesta por la libertad.

SALTAR **Saltar hacia arriba** puede representar el intento de alcanzar algo mejor para nosotros mismos. **Saltar hacia abajo** puede significar descender al inconsciente y a las partes de nosotros mismos donde podemos sentir que estamos en peligro. Y **saltar en el mismo sitio** puede indicar alegría y tiene el mismo significado que la danza (*ver Bailar*).

SANGRE Desde tiempos inmemoriales, la sangre ha representado al portador de vida o a la fuerza vital. Soñar con una **escena violenta en la que aparece sangre** indica que estamos siendo autodestructivos de alguna manera. **Si tenemos que lidiar con sangre**, debemos ser conscientes de nuestra propia fuerza. Si hemos sido heridos y **otra persona se está ocupando de la sangre**, tenemos que analizar qué ayuda es necesaria para superar la herida.

SARTÉN / OLLA En sueños, una sartén o una olla significan cuidado y atención. También puede sugerir un estado de ánimo receptivo.

SAVIA La savia en un sueño significa que podemos estar preparados para emprender un nuevo trabajo o una nueva relación. Somos conscientes de nuestra propia vitalidad y fuerza y estamos preparados para asumir nuevos retos.

SECUESTRO Si **somos secuestrados** en un sueño, somos conscientes de que nuestros propios miedos y dudas pueden convertirnos en víctimas. Estamos siendo vencidos por nuestros propios "demonios", que se han confabulado contra nosotros y nos han provocado inseguridad.

SED Soñar con tener sed sugiere que tenemos una necesidad interior insatisfecha; puede que estemos emocionalmente de capa caída y necesitemos algo que nos dé un empujón. Cualquier cosa que nos proporcione satisfacción emocional, ya sea a corto o largo plazo, sería suficiente.

SEGUIR Si en un sueño **seguimos a alguien o algo**, es posible que necesitemos una causa o cruzada que nos ayude a darnos un sentido de identidad. Buscamos liderazgo o somos conscientes de hasta qué punto podemos dejarnos influir por otras personas. También indica que, sobre todo en una situación laboral, quizá nos sintamos más cómodos en una posición secundaria que al frente.

SELLO Históricamente, un **sello de cera** confirmaba la autoridad y el poder. También era un símbolo de identidad. Hoy en día, en sueños, es mucho más probable que signifique legalidad o una acción moral correcta. En sueños, **la posesión de un sello** nos da autoridad para asumir la responsabilidad de nuestros propios actos.

SELVA La selva en sueños representa la irrupción de impulsos y sentimientos del inconsciente. Por tanto, puede indicar caos, positivo o negativo según las circunstancias. En los mitos, la selva simboliza un obstáculo o una barrera que hay que atravesar para alcanzar un nuevo estado del ser. En este sentido, tiene el mismo significado que el bosque encantado (*ver Bosque*).

SEMILLA Una semilla en sueños representa nuestro potencial. Puede que tengamos una idea que no ha hecho más que empezar o un proyecto que necesita alimentarse. **En el sueño de una mujer**, una semilla puede sugerir un embarazo.

SEÑALAR (LA ACCIÓN) Cuando soñamos que **alguien nos señala**, normalmente nos están llamando la atención sobre un objeto, una sensación o incluso un lugar en particular. Debemos fijarnos tanto en quién nos lo señala como en lo que señala. Es posible que nos sintamos en el extremo receptor, lo que puede hacernos sentir que se nos acusa de haber obrado mal y que necesitamos examinar la validez de nuestra conducta.

SERPENTEAR En un sueño, un camino o una carretera que serpentea –es decir, que no va en ninguna dirección en particular– sugiere que muy a menudo tenemos que "seguir la corriente", simplemente seguir lo que sucede sin pensar realmente en la dirección en la que vamos. A veces, el deambular tiene un propósito, ya que al movernos sin rumbo descubrimos más cosas sobre nosotros mismos o sobre las circunstancias en las que nos encontramos.

SERPIENTE Una persona o situación "escurridiza" puede estar presente de una forma u otra, tal vez una situación en la que no se puede confiar en otra persona, o una situación que el soñador sabe que no puede controlar.

SESIÓN Soñar con estar en una sesión de espiritismo puede sugerir la necesidad de explorar el lado psíquico de nuestra naturaleza. Recordando que psíquico significa "estar en contacto con uno mismo", esto puede sugerir ser consciente de nuestra intuición.

SÍ A veces, en sueños, nos damos cuenta de que hemos "dicho" sí. Se trata de una aceptación o reconocimiento instintivo de lo que ha sucedido.

SIEMBRA La siembra –en el sentido de **plantar semillas**– es un símbolo que lleva asociadas ciertas imágenes básicas. Puede significar el acto sexual, así como sugerir una buena agricultura. También puede representar el comienzo de un nuevo proyecto.

SILBATO El sonido de un silbato en sueños puede marcar el final de una determinada fase temporal. También puede sonar como advertencia para alertarnos de un acontecimiento concreto.

SILENCIO El silencio en un sueño puede sugerir inquietud y expectación. Hay una espera de que algo suceda (o no suceda). Si **otra persona guarda silencio** cuando esperamos que hable, no estamos seguros de cómo reaccionará en la vida de vigilia esa parte de nosotros mismos que está representada por la otra persona.

SILLA DE MONTAR La aparición de una silla de montar en un sueño suele indicar la necesidad de ejercer control sobre alguien.

SIRENA / TRITÓN Tradicionalmente, la sirena o tritón pertenecen al mar, pero también pueden existir en tierra. Esto representa simbólicamente la capacidad de ser profundamente emocional y también totalmente práctico. Hasta que estas dos partes separadas no se integran adecuadamente, el ser humano no puede existir plenamente en ninguno de los dos reinos.

SIRENA Oír una sirena –como la de **una ambulancia o un camión de bomberos**– es recibir una advertencia de peligro. Para los que tienen edad de recordar, una sirena de este tipo evocará recuerdos de guerra y destrucción. En particular, el "todo despejado" servirá para aliviar la ansiedad.

SOGA La soga en un sueño sugiere que tenemos miedo a quedar atrapados, tal vez por las acciones de otros. Somos conscientes de que podemos crearnos una trampa, "poniéndonos la soga al cuello".

SOL - *ver también Planetas* El sol en sueños sugiere calor y consciencia. Un **día soleado** sugiere felicidad. **Sentirse atraído por el sol** indica que buscamos la iluminación. Al volverse hacia el sol, el girasol podría considerarse un símbolo de obsesión, pero también de adoración. Con sus numerosas semillas, también representa la fertilidad.

SOLO Soñar con **estar solo** pone de manifiesto la soltería, el aislamiento o la soledad. Más positivamente, representa la necesidad de independencia. La soledad puede experimentarse como un estado negativo, mientras que estar solo puede ser muy positivo. A menudo, en los sueños se destaca un sentimiento para que reconozcamos si es positivo o negativo.

SOLTERO Soñar que nos **encontramos con un soltero** indica que estamos buscando la libertad, ya sea en nuestras emociones o en nuestra vida amorosa. **Si el soñador es varón**, puede estar deseando la libertad de conseguir algo que podría resultarle difícil en pareja.

SPIRE/AGUJA Ver una aguja en sueños significa reconocer un punto de referencia. Antes, la gente se orientaba por las iglesias. Ahora, un bar suele ser un punto de referencia, pero en sueños la aguja persiste.

SUBMARINO Un submarino en sueños indica la profundidad de los sentimientos que nos son accesibles. Normalmente nos referimos a las profundidades subconscientes más que a las alturas espirituales.

SUCIO Tendemos a soñar que **estamos sucios** cuando no estamos actuando dentro de nuestros propios principios o cuando la acción de otra persona nos ha puesto en una situación, en la que nos encontramos comprometidos.

SUEÑOS A MEDIAS Pueden tener a menudo una cualidad muy peculiar, ya que nuestra imagen puede estar sólo a medias o tal vez sólo experimentemos la mitad de una acción. Esto suele indicar que estamos incompletos, en una especie de estado intermedio que nos obliga a tomar decisiones. A menudo se trata de avanzar hacia el futuro o retroceder hacia el pasado: completar o no completar. Por ejemplo, puede que hayamos completado una tarea a medias y seamos conscientes de ello, pero no sepamos cómo terminarla. A menudo, las imágenes oníricas que aparecen pueden mostrarnos cómo hacerlo. Por el contrario, si en un sueño sólo hemos completado parcialmente una tarea y nos sentimos insatisfechos con lo que ha sucedido, tal vez necesitemos considerar en la vida de vigilia lo que hay que hacer para poder completar la acción en el sueño. ¿Qué habríamos hecho si hubiéramos podido completarla?

SUMERGIRSE Soñar que nos sumergimos en algo significa reconocer que nos adentramos en algo desconocido y que, por lo tanto, nos arriesgamos. Este riesgo nos llevará muy a menudo a nuestras profundidades emocionales y aprenderemos cosas nuevas sobre nosotros mismos que podremos utilizar.

SUSURROS - *ver también Cotillear* Oír susurros en un sueño sugiere que debemos escuchar a alguien o algo con mucha atención. También puede significar que no disponemos de toda la información sobre una situación en nuestra vida despierta.

T: De Tabaco a Turista

TABACO Si el soñador **es fumador**, entonces el tabaco, en sueños, es probablemente una herramienta de consuelo. **Si no lo es**, el simbolismo probablemente tenga más que ver con la idea de utilizar el tabaco para alcanzar un determinado estado de ánimo. Si el soñador **fuma en pipa**, es posible que tenga que enfrentarse a problemas de masculinidad.

TABLA - *ver también Madera* Soñar que se camina por la tabla sugiere asumir un riesgo emocional. **La aparición de una tabla de madera** en sueños puede indicar que hay que reparar algo o que nos sentimos más seguros llevando nuestros propios medios de apoyo. **Si la tabla se va a utilizar en el suelo**, el símbolo es de seguridad, pero **si se utiliza como puerta o como decoración en una pared**, significa defensa o adorno del propio espacio interior.

TABLERO OUIJA El uso del tablero ouija encierra ciertos peligros. Por lo tanto, soñar con una ouija puede ser la forma que tiene la psique de alertarnos sobre los peligros de explorar cosas que no comprendemos. Sin embargo, también podría denotar que estamos dispuestos a correr ciertos riesgos, sobre todo con nuestra propia tranquilidad. **Cuando la ouija nos parece aterradora**, estamos tocando nuestro profundo miedo a lo desconocido.

TALISMAN Un talismán es una protección contra el mal o las dificultades. Cuando aparece en un sueño, a menudo somos conscientes de que nuestras propias fuerzas mentales no bastan para protegernos del miedo y la duda. Necesitamos ayuda externa.

TAMAÑO Ser consciente del tamaño en un sueño pone de relieve cómo nos sentimos en relación con otra persona, proyecto u objeto. Lo **grande** puede sugerir importancia o amenaza, mientras que lo **pequeño** puede indicar vulnerabilidad o algo "inferior" a nosotros mismos. Así, una casa grande sería una toma de conciencia de la expansión de uno mismo, mientras que una casa pequeña indicaría una intensidad de sentimientos.

TAMBOR - *ver también Instrumentos musicales* **Oír un tambor** en sueños indica que necesitamos estar más en contacto con nuestros ritmos naturales y nuestros impulsos primitivos para mantenernos sanos y cuerdos. **Tocar un tambor** es asumir la responsabilidad del ritmo de nuestra propia vida.

TAMIZ El tamiz en sueños es un símbolo de la capacidad de hacer selecciones. En el sentido de poder separar lo grande de lo pequeño, lo bueno de lo malo, etc.

TANATORIO Cuando en un sueño aparece un tanatorio, normalmente estamos teniendo que reflexionar sobre nuestros miedos y sentimientos ante la muerte.

TANQUE Soñar con un **tanque de agua** es ponernos en contacto con nuestros sentimientos y emociones interiores. Soñar con un **tanque de guerra** nos conecta con nuestra propia necesidad de defendernos, pero de ser agresivos al mismo tiempo. Un sueño así indicaría que nos sentimos amenazados de alguna manera.

TARJETA (FELICITACIÓN) Soñar que **damos o recibimos una tarjeta de felicitación**, como una tarjeta de cumpleaños, nos alerta sobre la necesidad de un tipo específico de comunicación con el destinatario. Es posible que deseemos celebrar nuestra buena suerte o la de los demás.

TARTAS Cuando soñamos con una **tarta de celebración** –como una tarta de boda, una tarta de cumpleaños o una tarta de Navidad– se nos está indicando que hay motivos de celebración en nuestras vidas. Esto puede tener que ver con el motivo real de la celebración o simplemente con el paso del tiempo. (**Velas en una tarta** - *ver Vela*).

TATUAJE A nivel físico, un tatuaje representará un aspecto de individualidad en el soñador. Desea que se le vea diferente.

TAXI En un sueño, **llamar a un taxi** significa reconocer la necesidad de progresar, de llegar a alguna parte. No podemos tener éxito sin ayuda, la cual puede tener un precio.

TÉ El té como mercancía en un sueño representa una unidad de intercambio, mientras que el té como parte de una **ocasión social** sugiere intercomunicación.

TEATRO - *ver también Escenario* En los sueños sobre el teatro dependerá de qué parte del teatro se destaque. Si se trata del **escenario**, se llama la atención del soñador sobre una situación en la que se encuentra en ese momento. Si se trata del **auditorio**, entonces su capacidad para escuchar es significativa. El juego que creamos en nuestros sueños como un aspecto de nuestras vidas es particularmente relevante. Si **no estamos implicados en la acción**, indica que somos capaces de mantenernos al margen y adoptar un punto de vista objetivo.

TEJADO Concentrarse o tener presente el tejado de un edificio en sueños significa reconocer el cobijo y la protección que ofrece. Si el tejado **tiene goteras**, estamos expuestos a ataques emocionales. Si estamos **sobre el tejado**, no estamos protegidos.

TEJER Tejer sugiere la necesidad de responsabilizarnos de nuestra propia vida. Estar haciendo cualquier manualidad muestra que tenemos la situación bajo control.

TEJIDO El primer simbolismo relacionado con el tejido de punto es el de la creación de algo nuevo a partir del material disponible. Un proyecto o una idea en la que se está trabajando empieza a tomar forma. **Deshacer el tejido** en un sueño sugiere que un proyecto en el que se está trabajando necesita ser reconsiderado.

TELARAÑA La aparición de una telaraña en un sueño puede significar que estamos enredados en una situación que podría atraparnos, una situación "pegajosa" en la que no sabemos muy bien en qué dirección movernos. Como la situación es compleja, no tenemos ni idea de qué camino va a ser el más ventajoso para nosotros.

TELÉFONO **Utilizar un teléfono** en sueños sugiere la capacidad de establecer contacto con otras personas y transmitirles información que creemos que pueden necesitar. En realidad, podría tratarse de una comunicación con alguien de nuestra vida cotidiana o con una parte de nosotros mismos con la que no estamos totalmente en contacto. **Ser contactado por teléfono** sugiere que disponemos de información que aún no conocemos conscientemente.

TELESCOPIO Utilizar un telescopio en un sueño sugiere observar algo más de cerca. Un telescopio mejora nuestra visión y la amplía. Sin embargo, debemos asegurarnos de que no estamos adoptando una visión unilateral de las cosas.

TEMBLAR Temblar indica un estado de emoción extrema. Una reacción de este tipo en un sueño significaría que debemos tener en cuenta la emoción y afrontarla en la vida cotidiana. Por ejemplo, una reacción de miedo extremo puede ser el residuo de algo que nos ha ocurrido anteriormente y que sólo puede tratarse en la vida de vigilia.

TEMBLOR/ESCALOFRÍO Ser consciente de un temblor en sueños puede representar el miedo a un conflicto o la frialdad de las emociones. También hay

escalofríos de excitación. En la vida de vigilia, podemos estar llegando a una conclusión o a una experiencia culminante.

TEMPLO - *ver también Iglesia* A menudo, en sueños, un templo puede significar nuestro propio cuerpo. Es algo que debe tratarse con reverencia y cuidado. Tiene el mismo significado que una iglesia, ya que es un objeto construido para honrar y rendir respeto a un dios o dioses.

TENTACIÓN La tentación es un conflicto entre dos impulsos diferentes. Por ejemplo, en sueños podemos experimentar un conflicto entre la necesidad de salir al mundo y la necesidad de permanecer seguros en casa. La tentación es ceder a lo más fácil y no necesariamente a lo mejor.

TERCIOPELO Suele ser la textura y la calidad lo relevante cuando un material aparece en un sueño. La sensualidad y la suavidad del terciopelo son significativas.

TERMÓMETRO Un termómetro en un sueño será representativo de juzgar nuestra calidez y sentimientos. Puede que no estemos seguros de cómo nos perciben los demás y necesitemos algún tipo de medida externa. Un **termómetro clínico** representaría nuestra calidez emocional, mientras que un **termómetro externo** sugeriría nuestras capacidades intelectuales.

TERREMOTO Soñar con un terremoto nos alerta de una inseguridad interior que debemos afrontar antes de que nos desborde. Se está produciendo un gran cambio y crecimiento interior, que podría causar trastornos.

TERROR El terror en sueños suele ser el resultado de miedos y dudas no resueltos. Sólo experimentando una emoción tan profundamente perturbadora es probable que hagamos un intento de enfrentarnos a esos temores. Si **otra persona está aterrorizada** en nuestro sueño, estamos en posición de hacer algo al respecto, y tenemos que averiguar qué línea de acción debemos seguir.

TESORO El tesoro en sueños siempre representa algo que tiene valor para nosotros. Es el resultado de logros y esfuerzos personales. **Encontrar un tesoro enterrado** significa encontrar algo que hemos perdido, tal vez una parte de nuestra personalidad. **Enterrar un tesoro** es intentar protegerse del futuro y de posibles problemas.

TESTAMENTO Soñar con un testamento o con cualquier documento legal está relacionado con la forma en que nuestro lado inconsciente puede empujarnos a hacer caso de nuestras necesidades internas. **Hacer un testamento** es hacernos una promesa sobre acciones futuras. También puede tener un matiz de intento de cuidar de nuestros seres queridos. **Heredar de un testamento** en sueños significa que debemos examinar los hábitos, las características y la moral que hemos heredado de nuestros antepasados.

TESTIGO Cuando nos encontramos en la situación de ser testigos de, por ejemplo, un accidente, puede ser que nuestro poder de observación esté siendo puesto de relieve. Tenemos que tomar buena nota de lo que ocurre a nuestro alrededor. También es posible que se cuestione nuestra relación con la autoridad.

TETERA Como la tetera es un objeto cotidiano, soñar con ella indica nuestro lado más práctico y pragmático. **Si la tetera es inusual**, como una antigua tetera de cobre, denota creencias anticuadas pero apreciadas.

TEXTO Por texto se entiende un conjunto de palabras que tienen un significado concreto. Que un texto como éste aparezca en un sueño significaría la necesidad de recibir ánimos y, tal vez, sabiduría.

TIARA - *ver también Corona* Una tiara, o diadema, en un sueño suele reconocer el poder de lo femenino, o la capacidad de utilizar las habilidades mentales o intelectuales para obtener la supremacía.

TIBURÓN Soñar con un tiburón puede indicar que estamos siendo atacados injustamente; alguien intenta quitarnos algo que nos pertenece por derecho. **Estar en un mar de tiburones** sugiere que nos encontramos en una situación en la que no confiamos en nadie. **Ser perseguido por un tiburón** puede sugerir que nos hemos puesto en peligro y hemos creado una situación al entrar en territorio ajeno.

TIEMPO Por lo general, el soñador sólo es consciente del paso del tiempo en un sueño, o de que una hora concreta es significativa en el sueño, si forma parte del escenario onírico. En tales casos, la hora del sueño puede simbolizar un momento concreto de la vida. Por ejemplo, las horas del día sugieren nuestra vida consciente despierta. **Por la mañana**: se destaca la primera parte de nuestra vida o nuestra experiencia temprana. **Al mediodía**: somos plenos y conscientes de nuestras actividades. **La tarde** es un momento de la vida en el que podemos poner en práctica nuestra experiencia. **La noche** representa el final de nuestra vida, destacando un momento para estar más relajados. El crepúsculo puede indicar un periodo de transición e incertidumbre en cuanto a nuestra dirección en la vida. Y la noche puede ser un periodo de descanso, introspección, secretismo y/o depresión.

TIENDA Una tienda en sueños significa algo que queremos o sentimos que necesitamos. Si se trata de una tienda que conocemos, es probable que seamos conscientes de lo que queremos en la vida. Si se trata de una tienda desconocida, es posible que tengamos que buscar información en nuestra mente. Un supermercado sugeriría que tenemos que elegir.

TIENDA DE CAMPAÑA Una tienda de campaña en un sueño sugiere que nos sentimos en movimiento y que no somos capaces de asentarnos y echar raíces.

TIERRA Soñar con el planeta Tierra es tener en cuenta la red de apoyo que tenemos en nuestras vidas, y las actitudes y relaciones que damos por sentadas. Buscamos algún tipo de amor paternal u orden social. La **tierra blanda, o el suelo**, se relaciona especialmente con la necesidad de contacto maternal o táctil.

TIJERAS Las tijeras en sueños sugieren la idea de cortar lo no esencial de nuestras vidas. Puede tratarse de sentimientos que no nos parecen apropiados, emociones que no podemos manejar o traumas mentales que hay que extirpar. El tipo de tijeras también puede ser importante para el soñador. Unas **tijeras de cocina**, por ejemplo, serían más utilitarias que unas **tijeras quirúrgicas**, que sugerirían la necesidad de ser más preciso. Las tijeras también pueden sugerir una lengua afilada e hiriente o comentarios cortantes.

TIRA Y AFLOJA Soñar con un tira y afloja sugiere un conflicto entre lo bueno y lo malo, lo masculino y lo femenino, lo positivo y lo negativo.

TIRAR Si nos encontramos con el acto de tirar en un sueño, sugiere una acción positiva. Se nos advierte de que podemos hacer algo con respecto a una situación. **Si estamos tirando** estamos tomando las decisiones dentro de un proyecto. **Si tiran de nosotros**, es posible que sintamos que tenemos que ceder a presiones externas, por lo que puede ser necesario un esfuerzo adicional para que algo suceda. El objeto del que tiramos y el medio por el que lo hacemos pueden ser importantes.

TOCAR Tocar en sueños sugiere establecer algún tipo de contacto. Nos relacionamos con otras personas, normalmente en beneficio mutuo. Tal vez seamos conscientes de que necesitamos a los demás y de que ellos nos necesitan a nosotros.

TORMENTA - *ver también Rayo y Truenos* En sueños, una tormenta indica un arrebato emocional personal. Podemos sentirnos golpeados por acontecimientos o emociones. También puede significar ira.

TORNADO Un tornado en sueños es un símbolo de energía violenta de un tipo u otro. A menudo se trata de emociones ante las que nos sentimos impotentes.

TORO En sueños, el toro representa el principio masculino y la fertilidad. También puede indicar la forma en que manejamos la sexualidad masculina.

TORPEDO El torpedo está relacionado con la agresividad masculina. Su poder en sueños puede ser destructivo, pero a menudo tiene un origen inconsciente.

TORRE (obelisco, campanario, faro, etc.) Una torre en sueños suele representar algo que hemos desarrollado en nuestra vida, ya sea una actitud interior o una vida exterior. Aunque hay connotaciones obvias basadas en la forma que la relacionan con la masculinidad, es más correcto percibirla como el Ser dentro de un contexto más amplio. Cuando se piensa así, se puede prestar atención a otros atributos de la torre, como sus puertas, ventanas y forma general. Esto conduce a una mayor comprensión del Yo Espiritual. Soñar con una **torre sin puerta** sugiere que no estamos en contacto con nuestro interior. Una **torre sin ventanas** significa que somos incapaces de ver y apreciar nuestras virtudes externas o internas. Una torre de marfil sugiere un enfoque inocente. Una torre cuadrada significa un enfoque práctico de la vida, mientras que una torre redonda tiene una orientación más espiritual. Una torre redonda al final de un edificio cuadrado es la combinación de lo práctico y lo espiritual.

TORTUGA Para la mayoría de la gente, la tortuga sugiere lentitud, pero quizá también minuciosidad. En sueños, también significa un caparazón que tal vez hayamos levantado, nosotros u otras personas de nuestro entorno, para protegernos o defendernos.

TÓTEM En un sueño, un tótem puede remitirnos a una necesidad primitiva de protección por parte de los espíritus cuya energía es lo bastante poderosa como para ser utilizada por nosotros.

TRABAJO Soñar que estamos en el trabajo pone de manifiesto problemas, preocupaciones o dificultades que quizá debamos abordar en nuestra situación laboral. **Estar trabajando en algo**, en el sentido de trabajar duro, sugiere que tenemos un objetivo que deseamos alcanzar. Soñar con **"trabajo duro"** nos alertará sobre un aspecto de autoflagelación o autocastigo en lo que estamos haciendo.

TRAGAR Tragar en sueños sugiere que estamos asimilando algo. Puede tratarse de conocimientos o de información. Soñar que **nos tragamos nuestro orgullo** significa que necesitamos humildad, mientras que si algo nos **cuesta tragarlo** es porque necesitamos superar un obstáculo.

TRAIDOR Soñar con un traidor sugiere que uno es inconscientemente consciente de la astucia. Puede tratarse de otra persona o de una parte de nuestra personalidad que nos está defraudando.

TRAMPA / ATRAPADO **Estar en una trampa** en un sueño significa que nos sentimos atrapados por circunstancias externas. Ser consciente de que **algo está atrapado** o de que alguien intenta retenerlo. **Atrapar una mariposa** es intentar capturar el yo interior.

TRAMPOSO Cuando se está bajo estrés, este personaje puede presentarse en sueños como el que indica a uno la dirección equivocada, responde a preguntas con respuestas erróneas, etc.

TRANSFORMACIÓN Los sueños en los que las cosas se transforman en otra cosa sugieren un cambio de conciencia. Un paisaje puede cambiar de oscuro a claro (negatividad a positividad), una persona puede cambiar de masculino a femenino o una imagen puede transformarse en otra. Una vez que el soñador comprende que el cambio es para mejor, es capaz de realizar cambios en su propia vida.

TRANSPARENCIA Cuando algo es transparente en un sueño, puede que nos sintamos vulnerables, pero también puede que seamos conscientes de percepciones que normalmente no tendríamos. **Estar dentro de una burbuja transparente**, por ejemplo, sugeriría visibilidad y vulnerabilidad en nuestra vida, quizá asumiendo nuevas responsabilidades. Que **otra persona esté detrás de un escudo transparente** sugiere que está algo alejada e inaccesible para nosotros.

TRANSPORTAR Ser consciente de **transportar un objeto** en un sueño sugiere que debemos analizar qué es lo que aceptamos como carga o dificultad. Si soñamos que **nos llevan**, podemos sentir que necesitamos apoyo.

TRASPASAR Cuando **nos encontramos traspasando** en un sueño, quizá estemos invadiendo el espacio personal de alguien. Esto también puede sugerir que hay una parte de nosotros que es privada y se siente vulnerable. Deberíamos respetar esos límites.

TRENZA Antiguamente, una **trenza de tres cabos** indicaba el entrelazamiento del cuerpo, la mente y el espíritu. También representaba las influencias asimiladas por una niña en crecimiento y llevadas a su comprensión de sí misma como mujer. En sueños, por tanto, representa la feminidad y la femineidad.

TRIDENTE Un tridente, se considera a menudo el símbolo del Diablo y, por tanto, puede simbolizar el mal y el engaño. En sueños, un tridente denota dualidad e indecisión.

TRILLIZOS Los trillizos que aparecen en sueños sugieren que los acontecimientos o las situaciones deben analizarse detenidamente desde el punto de vista de los deseos físicos, las necesidades emocionales y los requisitos espirituales. Entonces se desarrollaría la estabilidad espiritual.

TROFEO Soñar con un trofeo es reconocer que hemos hecho algo por lo que podemos ser recompensados. El significado del trofeo depende de para qué sea. El trofeo adquirirá el significado del objeto que se presenta. Una **copa** sugiere receptividad (*ver Copa*) y un **escudo** (*ver Escudo*), protección.

TROMPETA Una trompeta en sueños suele sugerir una advertencia o una "llamada a las armas". Desde un punto de vista práctico, nos estará alertando de algún peligro en el que nos hayamos metido o al que nos estemos enfrentando. Cuando hay un conflicto a nuestro alrededor, podemos necesitar algún tipo de advertencia para estar preparados para la acción y una trompeta puede ser uno de esos símbolos.

TRONO Cuando soñamos que **nos sentamos en un trono**, estamos reconociendo nuestro derecho a asumir la autoridad. Cuando **el trono está vacío**, no estamos preparados para aceptar la responsabilidad de lo que somos. Puede ser que seamos conscientes de una falta de paternidad. Cuando **otra persona está en el trono**, es posible que le hayamos traspasado la autoridad.

TRUENOS / RAYO - *ver también Tormenta* Escuchar un trueno en un sueño puede ser una advertencia de un posible estallido emocional. Es posible que estemos acumulando energía que eventualmente tendrá repercusiones. Escuchar un trueno a lo lejos significa que todavía hay tiempo para tomar el control de una situación potencialmente difícil.

TUERCA Soñar con una tuerca de metal, como las tuercas y los tornillos, pone de relieve nuestra capacidad para construir nuestra vida de forma que se mantenga unida. Antiguamente se consideraba que una tuerca era femenina, y el tornillo masculino.

TUMBA - *ver también Muerte* Soñar con una tumba es una indicación de que debemos tener en cuenta nuestros sentimientos o nuestro concepto de la muerte. Un sueño así también puede ser un intento de afrontar nuestros sentimientos hacia alguien que ha muerto. **Entrar en una tumba** sugiere descender a las partes más oscuras de nuestra propia personalidad. Puede que al principio nos sintamos temerosos, pero luego más tranquilos. **Encontrarnos en una tumba** sugiere que estamos preparados para enfrentarnos a nuestros miedos a la muerte y a morir.

TÚNEL Un túnel en un sueño suele representar la necesidad de explorar nuestro propio inconsciente y las cosas que hemos dejado intactas.

TURISTA Un turista en sueños es alguien que no conoce su entorno. **Si nosotros somos el turista**, debemos analizar ese aspecto de nosotros mismos. **Si el turista es otra persona**, debemos ser conscientes de la ayuda que podemos prestar a los demás.

U: De Úlcera a Uva

ÚLCERA Una úlcera es una llaga que sólo se cura con gran dificultad. Así, soñar con una nos hace conscientes del trabajo que hay que hacer para curar una gran herida. Dependerá de dónde se encuentre la úlcera lo que haya que curar. Soñar con una **úlcera de estómago**, por ejemplo, sugeriría una dificultad emocional, mientras que una **úlcera en la boca** sugeriría algún problema con el habla o con hacernos entender por los que nos rodean.

UMBRAL Cruzar el umbral en sueños indica nuevas experiencias. **Ser elevado a través de un umbral** puede sugerir matrimonio o una nueva relación.

UNGÜENTO Soñar con ungüento significa que debemos ser conscientes de la parte de nosotros mismos que necesita o es capaz de curarse. El tipo de ungüento suele dar información sobre lo que necesitamos. Por ejemplo, soñar con **una marca conocida** puede sugerir un tipo de curación no específica, mientras que un **ungüento que ha sido preparado específicamente** para el soñador sugiere un enfoque más centrado.

UNICORNIO Tradicionalmente, las únicas personas a las que se les permitía atender a los unicornios eran las vírgenes. Cuando aparece un unicornio en un sueño, nos vinculamos con la parte inocente y pura de nosotros mismos. Es el principio femenino instintivo y receptivo.

UNIFORME - *ver también Ropa* Soñar con uniformes tiene que ver con nuestra identificación con un determinado papel o tipo de autoridad. Por muy rebeldes que seamos, una parte de nosotros necesita ajustarse a las ideas y creencias del grupo social al que pertenecemos. El uniforme confirma esa pertenencia.

UNIÓN La unión **por parejas** sugiere la reconciliación de los opuestos y la energía añadida que esto aporta. Una **unión, en el sentido de un sindicato**, sugiere una acción colectiva, que es para el bien de todos.

UNIVERSIDAD Soñar que estamos en una universidad pone de relieve nuestro potencial individual de aprendizaje. Puede que no seamos especialmente académicos en la vida despierta, pero puede que seamos inconscientemente conscientes de nuestra capacidad para conectar con personas de ideas afines.

UÑAS Las uñas de las manos y los pies suelen sugerir garras o la capacidad de sujetarse.

UVA - *ver también Fruta* Ver uvas en un sueño indica, por lo general, necesidad de celebración. La uva es la fruta más asociada a Baco o, en su forma griega, Dioniso, que era el dios de la convivencia. Soñar con uvas indica la búsqueda de diversión, risas y creatividad en nuestras vidas.

V: De Vacaciones a Vuelo

VACACIONES Estar de vacaciones en un sueño indica una sensación de relajación y de satisfacción de las propias necesidades sin tener que ocuparse de los demás.

VACÍO Experimentar el vacío en un sueño indica que puede haber una falta de placer, propósito, dirección y entusiasmo en nuestra vida. Podríamos estar sufriendo una sensación de aislamiento, o tal vez de no tener nada a lo que aferrarnos.

VACUNACIÓN En la vida despierta, la vacunación es una acción que al principio duele pero que al final es buena para nosotros.

VADEAR Soñar con vadear nos pone en situación de reconocer lo que nuestras emociones pueden hacernos. **Si nos vemos obstaculizados por el agua** (*ver Agua*), entonces debemos apreciar cómo nuestras emociones pueden impedirnos avanzar. **Si estamos disfrutando de nuestra experiencia** de vadeo, entonces podemos esperar que nuestra conexión con la vida nos traiga satisfacción. A veces, la profundidad a la que se sumerge nuestro cuerpo puede darnos información sobre cómo afrontamos las circunstancias externas.

VALE Un vale –en el sentido de **un pagaré**– puede tomarse en sueños para sugerir nuestra capacidad de darnos permiso para hacer algo. Si, por ejemplo, se trata de un **vale de descuento**, es posible que no nos estemos valorando adecuadamente o que estemos buscando una opción fácil.

VALLAS Cuando soñamos con vallas estamos soñando con barreras sociales o de clase o quizás con nuestra propia necesidad de intimidad. Puede que seamos conscientes de los límites en las relaciones que pueden impedirnos lograr el tipo de conexión que necesitamos. Puede que tengamos dificultades para expresarnos de alguna manera.

VALLE Soñar que **nos adentramos en un valle** puede tener el mismo significado que bajar escaleras, es decir, descender al subconsciente o a partes desconocidas de nosotros mismos. El resultado puede ser la melancolía o encontrar nuevas áreas de productividad dentro de nosotros.

VAMPIRO Cuando se nos imponen grandes exigencias que no nos sentimos capaces de satisfacer, puede aparecer un vampiro en sueños. En sentido figurado, nos están "absorbiendo".

VAPOR El vapor en los sueños puede sugerir presión emocional. Nos apasiona algo sin saber necesariamente de qué se trata.

VARITA Cuando soñamos que **utilizamos una varita**, somos conscientes de nuestra influencia sobre los demás. Por el contrario, si **otra persona utiliza una varita**, somos conscientes del poder de sugestión, ya sea negativo o positivo.

VEGETACIÓN La vegetación en un sueño puede representar a menudo los obstáculos que nos ponemos para crecer. Por ejemplo, una zona de zarzas puede sugerir irritantes obstáculos a nuestro avance, mientras que las ortigas pueden representar a personas que intentan impedir nuestro progreso. La imagen de la vegetación también enlaza con el bosque (*ver Bosque*).

VELA En la época pagana, una vela representaba la dispersión de la oscuridad y una forma de rendir culto al poder. **Soñar con velas** indica que intentamos aclarar algo que no comprendemos. Las **velas en una tarta de cumpleaños** indican que estamos marcando una transición de lo viejo a lo nuevo. **Encender una vela** representa armarse de valor o pedir algo que necesitamos.

VELA (Embarcación) - *ver también Navegar y Viento* Las velas sugieren la idea de aprovechar la potencia disponible. A menudo, el tipo de vela es relevante. Las **velas anticuadas** sugieren métodos anticuados, mientras que las **velas de competición** sugieren el uso de tecnología moderna. El color de las velas también puede ser importante (*ver Color*).

VELATORIO (FUNERAL) Un velatorio, en el sentido de un servicio funerario, nos brinda la oportunidad de hacer el duelo como es debido. Cuando en sueños nos encontremos asistiendo a una ocasión así, debemos ser conscientes de que puede haber algún motivo en nuestras vidas para que pasemos por un periodo de duelo. Tenemos que desprendernos de lo que nos es querido.

VELO Cuando un objeto está velado en un sueño, hay algún tipo de secreto que necesita ser revelado. Puede que los soñadores nos estemos ocultando algo a nosotros mismos, pero también puede que los demás nos oculten algo.

VELOCIDAD La velocidad en sueños identifica una intensidad de sentimientos que no suele existir en la vida de vigilia. Como todo sucede demasiado deprisa, engendra ansiedad en el soñador, lo que puede crearle problemas.

VENDA Si en un sueño **te ponen una venda**, indica el comienzo de un proceso de curación. Puede haber sentimientos heridos o heridas emocionales que necesitan atención.

VENDAR LOS OJOS Si en un sueño **nos vendan los ojos**, significa que intentan engañarnos deliberadamente. Si **vendamos los ojos a otra persona**, es posible que no seamos del todo honestos en nuestro trato con los demás, aunque sea por ignorancia.

VENENO Poder reconocer el veneno en un sueño significa que debemos evitar una actitud, una emoción o un pensamiento que no nos hará bien, teniendo en cuenta que existe lo que no nos hace bien ahora y también lo que no nos hará bien en el futuro.

VERANO Ser consciente en un sueño de que es verano sugiere que es una época feliz y fructífera en nuestras vidas. Podemos esperar el éxito en los proyectos que tenemos a nuestro alrededor. Tenemos la capacidad de sacar el máximo partido de lo que hemos hecho hasta ahora.

VERRUGAS Cualquier mancha que nos llame la atención en sueños puede aceptarse como prueba de que existe una distorsión en nuestra visión del mundo.

VIAJAR - *ver Viaje*

VIAJE La imagen de un viaje es muy potente en el trabajo onírico. Cada vez que aparece la idea de un viaje, tiene que ver con la forma en que avanzamos en la vida. **Cualquier sensación de haber completado un viaje** –llegada a casa, aterrizaje, etc.– indica la consecución de nuestros objetivos. **Las colisiones** representan discusiones y conflictos causados a menudo por nuestra propia agresividad. **Un viaje difícil detrás de nosotros** significa que hemos superado los contratiempos del pasado. **Los obstáculos que nos esperan** indican que somos conscientes de las dificultades que pueden surgir y nos recuerdan que, a menudo, nosotros mismos creamos nuestros propios problemas. **Doblar una esquina** indica que hemos aceptado la necesidad de un cambio de dirección o tomado una decisión importante. **Evitar un accidente** significa que somos capaces de controlar nuestros impulsos. **Detenerse y arrancar** sugiere que existe un conflicto entre la pereza y el impulso. **Estar parado/en un atasco** indica que nos impiden, o nos impedimos, avanzar. Esto debe tratarse con cuidado, ya que detenerse puede ser apropiado. **Partir (salidas de aeropuertos, estaciones, etc.)**: antiguamente todas las salidas se interpretaban como muerte. Hoy en día, el simbolismo es mucho más el de un nuevo comienzo: dejar la vida anterior para emprender algo nuevo. Cuando alguien en nuestra vida nos deja, podemos soñar con partidas y con el dolor que provoca la despedida. En determinadas circunstancias, **soñar que se quiere partir pero no se puede**, sugiere que aún queda trabajo por hacer. **Ser consciente de la hora de la partida** puede sugerir que somos conscientes de un límite de tiempo en un ámbito de nuestra vida.

El lugar de destino, cuando se hace evidente, dará algunas ideas sobre los objetivos que tenemos. Nuestras esperanzas e ideales declarados pueden no corresponderse con los que tenemos subconscientemente –nuestra motivación interior puede ser totalmente diferente a nuestro comportamiento exterior– y los sueños pondrán de manifiesto esta discrepancia. A menudo no conocemos la naturaleza exacta de nuestro objetivo hasta que nos hemos enfrentado a los obstáculos del camino. A menudo basta con tener un objetivo para ese tramo concreto del viaje.

Conducir en sueños representa nuestros impulsos, deseos y necesidades básicos. **Si conducimos**, tenemos el control. **Si no nos gusta que conduzca otra persona**, es posible que no confiemos en ella y que no queramos depender de ella. Cuando otra persona toma el control, nos volvemos pasivos. Si **adelantamos al coche de delante**, estamos logrando el éxito, pero quizá de forma competitiva. Cuando **nos adelantan**, podemos sentir que alguien nos ha superado. Una vez más, nuestra forma de ser en la vida cotidiana se refleja en el sueño. Nuestros impulsos, agresiones, miedos y dudas se reflejan en nuestra forma de conducir.

Pasajero si **somos pasajeros de un vehículo**, podemos sentirnos arrastrados por las circunstancias y no haber pensado realmente en nuestro propio camino. Si **llevamos pasajeros**, es posible que, consciente o inconscientemente, nos hayamos hecho responsables de otras personas. **Viajar con otro pasajero** sugiere que podemos estar considerando nuestra relación con esa persona.

La carretera en un sueño sugiere nuestro propio camino individual. Al igual que cada vehículo individual muestra el cuerpo y la forma de ser externa del soñador, la carretera refleja la forma de hacer. **Cualquier obstáculo en la carretera** reflejará dificultades en el camino elegido. **Cualquier giro en el camino** sugerirá cambios de dirección. **Las encrucijadas** ofrecerán opciones, mientras que **un callejón sin salida** significará que no hay salida. Si se resalta **un tramo concreto** de la carretera, puede indicar un periodo de tiempo determinado o un esfuerzo concreto. **Ir cuesta arriba** sugerirá un esfuerzo extra, mientras que **ir cuesta abajo** sugerirá falta de control.

Accidentes de tráfico e infracciones Todo esto puede tener que ver con la sexualidad o la imagen de uno mismo; quizá no estamos siendo cuidadosos para asegurarnos de que nuestra conducta es buena. **Una colisión** podría sugerir un conflicto con alguien. La **rabia al volante** significaría que no controlamos nuestras emociones, etc.

VICIO Soñar con un vicio en forma de acción incorrecta indica que somos conscientes del lado rebelde de nosotros mismos que está fuera de sintonía con la sociedad.

VÍCTIMA En sueños, a menudo somos conscientes de que nos ocurre algo sobre lo que no tenemos ningún control. Somos la víctima, en el sentido de que somos pasivos o impotentes ante la situación. A veces somos conscientes de que tratamos a los demás de forma incorrecta. Los convertimos en víctimas de nuestra propia agresividad interna y no nos manejamos correctamente en la vida de vigilia.

VICTORIA Hay muchas formas de alcanzar la victoria en sueños. El escenario del sueño puede ser un conflicto entre dos aspectos de nosotros mismos o exigirnos que superemos alguna dificultad. La sensación de logro que sentimos en sueños puede ser un sentimiento que podemos reproducir en la vida de vigilia. Nos da confianza en nuestras propias capacidades.

VID/VIÑA Una vid o un viñedo en sueños puede sugerir crecimiento y fecundidad. Puede referirse a la totalidad de uno mismo o a sus distintas partes.

VIEJO / ANCIANO / ANTIGUO Cuando soñamos con cosas viejas, nos estamos adentrando en el pasado, tal vez para traer algún tipo de conocimiento y poder utilizarlo en el presente. Soñar con **personajes históricos** suele significar que somos conscientes de las cualidades que poseían esas personas. Tal vez necesitemos desarrollar esas cualidades en nosotros mismos.

VIENTO En sueños, el viento simboliza el intelecto. Dependerá de la fuerza del viento cómo interpretemos el sueño. Por ejemplo, una **brisa** sugeriría dulzura y placer. Una idea o un concepto que tenemos empieza a conmovernos. Un **vendaval o un huracán** podrían indicar un principio que nos apasiona o que estamos siendo zarandeados por circunstancias que escapan a nuestro control, por lo que necesitamos refugiarnos. Un **viento del norte** puede sugerir una amenaza a nuestra seguridad.

VIENTRE Ser consciente del **vientre o estómago de otra persona** en un sueño llama nuestra atención sobre sus emociones.

VINAGRE El vinagre, por su acidez, es una representación de todo lo que es problemático en la asimilación de la información. Por lo tanto, puede significar un conocimiento desagradable.

VINO - *ver también Alcohol* En sueños, el vino puede sugerir una ocasión feliz. Como sustancia, influye en nuestra conciencia y en la apreciación de nuestro entorno. Una **bodega**, por tanto, puede representar la suma de nuestras experiencias pasadas, tanto buenas como malas. Algunos consideran que una **botella de vino**, como fuente de placer, indica masculinidad.

VIOLENCIA Toda violencia en sueños es un reflejo de nuestro propio sentimiento interior, a veces sobre nosotros mismos, a veces sobre las situaciones que nos rodean. A menudo, el tipo de violencia es digno de atención si queremos comprendernos plenamente a nosotros mismos.

VIRGEN Soñar que **se es virgen** sugiere un estado de inocencia y pureza. Soñar que **otra persona es virgen** resalta los ideales de integridad.

VISITA Ser visitado por alguien en sueños puede sugerir que hay información, calor o amor a nuestra disposición. Si se trata de **alguien conocido**, esto puede aplicarse a una situación de la vida real. **Si no es así**, puede que haya una faceta de nuestra personalidad que esté intentando hacerse evidente.

VITAMINAS Soñar que tomamos vitaminas indica que nos preocupa la salud. Puede que seamos conscientes de que no nos estamos nutriendo adecuadamente y necesitemos ayuda adicional.

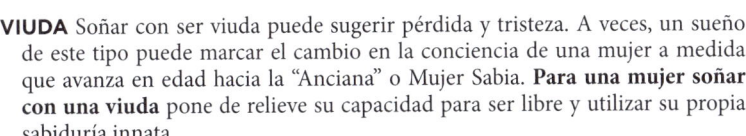

VIUDA Soñar con ser viuda puede sugerir pérdida y tristeza. A veces, un sueño de este tipo puede marcar el cambio en la conciencia de una mujer a medida que avanza en edad hacia la "Anciana" o Mujer Sabia. **Para una mujer soñar con una viuda** pone de relieve su capacidad para ser libre y utilizar su propia sabiduría innata.

VOLCÁN La imagen de un volcán en sueños es muy reveladora, en parte por su imprevisibilidad. Soñar que **un volcán se extingue** puede indicar que hemos "matado" nuestras pasiones o que una situación difícil ha llegado a su fin. Puede tratarse de una situación que viene de lejos.

VOTO Soñar que votamos en unas elecciones, ya sean generales o en el lugar de trabajo, pone de relieve nuestro deseo y nuestra capacidad de pertenecer a grupos. Si somos conscientes de que **votamos con el grupo,** aceptamos de buen grado las prácticas de grupo. **Votar en contra del grupo** indica una necesidad de rebelión.

VOTO (Promesa) Un voto es un pacto o acuerdo entre dos personas o entre uno mismo y Dios. Soñar que **se hace un voto** es reconocer la responsabilidad de la propia vida. Es más solemne que una simple promesa y, en consecuencia, sus resultados son de mayor alcance.

VOZ Todos tenemos una conciencia interior de nuestro propio estado que a veces nos resulta difícil expresar verbalmente. A menudo, en sueños somos capaces de utilizar nuestra voz de forma más eficaz que en la vida despierta. Y a veces nos hablan en sueños para que recordemos la información dada.

VUELO / VOLAR - *ver también Viaje* Convencionalmente, soñar que se vuela tiene que ver con el sexo y la sexualidad, pero probablemente sería más exacto verlo en términos de desinhibición y libertad. Nos liberamos de las limitaciones que nos imponemos a nosotros mismos.

X

X Si aparece una X en un sueño, normalmente estamos "marcando el lugar". También puede representar un error, una apreciación errónea o, posiblemente, algo que debemos tener especialmente en cuenta.

Y

YIN Y YANG Con sus orígenes en la filosofía china, este símbolo representa el equilibrio de dos energías opuestas pero complementarias. En sueños, indica el equilibrio entre la naturaleza instintiva e intuitiva de lo femenino y la naturaleza activa y racional de lo masculino.

Z

ZIGZAG Cuando vemos un zigzag en sueños, estamos viendo la posibilidad de que nos alcance una catástrofe, como un rayo, un acontecimiento que provocará una gran descarga de energía. Las circunstancias volverán a equilibrarse.